公益財団法人 日本漢字能力検定協会

漢検

これでなっとく！

漢検クイックスタディ

準2級

JN092712

漢検 公益財団法人 日本漢字能力検定協会

もくじ

本書の特長と使い方

公益財団法人 日本漢字能力検定協会が保有する **「漢検」®のデータを分析した結果**をもとに編集しました。特に、実際に×になった答案の傾向を分析し、**間違いやすい語や、誤りの多い字**を、重点的に解説しました。

●出題分野名
「漢検」での出題分野名に則しています。

●自己採点記入欄
チェックボックスと同じく、2回分あります。

●設問文
設問文をよく読んで、指示に従って解答しましょう。

書き取り⑥

次の――線の**カタカナ**を**漢字**に直せ。

●問題
よく読んで解答しましょう。

- 1 <u>フウトウ</u>に切手をはった。　〔　　　〕

- 2 <u>ジュウナン</u>な考えが発明を生む。　〔　　　〕

- 3 <u>ニンプ</u>の食生活は胎児に影響する。　〔　　　〕

- 4 <u>テイネイ</u>な言葉遣いを心がける。　〔　　　〕

- 5 現状を<u>ハアク</u>して対策を練る。　〔　　　〕

●チェックボックス
2回分あります。
できた問題にチェックする、できなかった問題にチェックする……など、自分の学ぶスタイルに合わせて使ってください。

- 6 <u>バクゼン</u>とした寂しさを感じる。　〔　　　〕

- 7 植木の<u>ハチ</u>に水をやる。　〔　　　〕

- 8 <u>サルシバイ</u>には付き合えない。　〔　　　〕

- 9 <u>ウズシオ</u>が船の航行を難しくする。　〔　　　〕

- 10 アルバイトで学費を<u>カセ</u>いだ。　〔　　　〕

102

4

●本書は、「日本漢字能力検定（漢検）」の準2級合格を目指した問題集です。
●持ち運びに便利なコンパクトサイズで、いつでもどこでも、すきま時間に効率よく学ぶことができます。

●解説
語の意味のほか、漢字の意味や部首など、学習に役立つ解説を掲載しています。

【解説中にあるアイコンの意味】
対……対義語
類……類義語
語例…解答の漢字を含む別の語
✎……問題を理解するのに役立つポイントをまとめました。

よくある誤×……よくある誤答例や、間違いやすいポイントを解説しました。特に「書き取り」分野の問題では、点画の誤りを、具体的に画像を使って説明しました。

間違いのある字　　正しい字

標準解答　　解説

1　封筒　封筒：手紙などを入れて送るための紙袋。
✎「封筒」の「筒」は、「つつ。つつ状のもの。」という意味を表す。

2　柔軟　柔軟：状況に応じて変えること。やわらかでしなやかな様子。

3　妊婦　妊婦：身ごもっている女性。

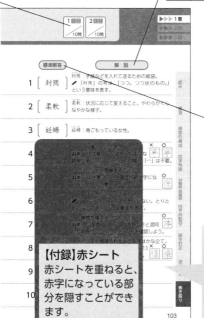

●標準解答
赤シートで答えを隠して、繰り返し学習しましょう。

【付録】赤シート
赤シートを重ねると、赤字になっている部分を隠すことができます。

『これでなっとく！漢検 クイックスタディ』スペシャルウェブサイト

学びを支えるコンテンツをご利用いただけます。詳細は、p.322（巻末15）をご覧ください。

103

5

「漢検」級別　主な出題内容

10級
…対象漢字数 80字
漢字の読み／漢字の書取／筆順・画数

9級
…対象漢字数 240字
漢字の読み／漢字の書取／筆順・画数

8級
…対象漢字数 440字
漢字の読み／漢字の書取／部首・部首名／筆順・画数／送り仮名／対義語／同じ漢字の読み

7級
…対象漢字数 642字
漢字の読み／漢字の書取／部首・部首名／筆順・画数／送り仮名／対義語／同音異字／三字熟語

6級
…対象漢字数 835字
漢字の読み／漢字の書取／部首・部首名／筆順・画数／送り仮名／対義語・類義語／同音・同訓異字／三字熟語／熟語の構成

5級
…対象漢字数 1026字
漢字の読み／漢字の書取／部首・部首名／筆順・画数／送り仮名／対義語・類義語／同音・同訓異字／誤字訂正／四字熟語／熟語の構成

4級
…対象漢字数 1339字
漢字の読み／漢字の書取／部首・部首名／送り仮名／対義語・類義語／同音・同訓異字／誤字訂正／四字熟語／熟語の構成

3級
…対象漢字数 1623字
漢字の読み／漢字の書取／部首・部首名／送り仮名／対義語・類義語／同音・同訓異字／誤字訂正／四字熟語／熟語の構成

準2級
…対象漢字数 1951字
漢字の読み／漢字の書取／部首・部首名／送り仮名／対義語・類義語／同音・同訓異字／誤字訂正／四字熟語／熟語の構成

2級
…対象漢字数 2136字
漢字の読み／漢字の書取／部首・部首名／送り仮名／対義語・類義語／同音・同訓異字／誤字訂正／四字熟語／熟語の構成

準1級
…対象漢字数 約3000字
漢字の読み／漢字の書取／故事・諺／対義語・類義語／同音・同訓異字／誤字訂正／四字熟語

1級
…対象漢字数 約6000字
漢字の読み／漢字の書取／故事・諺／対義語・類義語／同音・同訓異字／誤字訂正／四字熟語

※ここに示したのは出題分野の一例です。毎回すべての分野から出題されるとは限りません。また、このほかの分野から出題されることもあります。

日本漢字能力検定採点基準

最終改定：平成25年4月1日

❶採点の対象

筆画を正しく、明確に書かれた字を採点の対象とし、くずした字や、乱雑に書かれた字は採点の対象外とする。

❷字種・字体

① 2〜10級の解答は、内閣告示「常用漢字表」（平成二十二年）による。ただし、旧字体での解答は正答とは認めない。

② 1級および準1級の解答は、『漢検要覧 1／準1級対応』（公益財団法人日本漢字能力検定協会発行）に示す「標準字体」「許容字体」「旧字体一覧表」による。

❸読み

① 2〜10級の解答は、内閣告示「常用漢字表」（平成二十二年）による。

② 1級および準1級の解答には、①の規定は適用しない。

❹仮名遣い

仮名遣いは、内閣告示「現代仮名遣い」による。

❺送り仮名

送り仮名は、内閣告示「送り仮名の付け方」による。

❻部首

部首は、『漢検要覧 2〜10級対応』（公益財団法人日本漢字能力検定協会発行）収録の「部首一覧表と部首別の常用漢字」による。

❼筆順

筆順の原則は、文部省編『筆順指導の手びき』（昭和三十三年）による。常用漢字一字一字の筆順は、『漢検要覧 2〜10級対応』収録の「常用漢字の筆順一覧」による。

❽合格基準

級	満点	合格
1級／準1級／2級	200点	80％程度
準2級／3級／4級／5級／6級／7級	200点	70％程度
8級／9級／10級	150点	80％程度

※部首、筆順は『漢検 漢字学習ステップ』など公益財団法人日本漢字能力検定協会発行図書でも参照できます。

日本漢字能力検定審査基準

4級

程度
常用漢字のうち約1300字を理解し、文章の中で適切に使える。

領域・内容
《読むことと書くこと》
小学校学年別漢字配当表のすべての漢字と、その他の常用漢字約300字の読み書きを習得し、文章の中で適切に使える。
- ・音読みと訓読みとを正しく理解していること
- ・送り仮名や仮名遣いに注意して正しく書けること
- ・熟語の構成を正しく理解していること
- ・熟字訓、当て字を理解していること（小豆／あずき、土産／みやげ など）
- ・対義語、類義語、同音・同訓異字を正しく理解していること

《四字熟語》
四字熟語を理解している。

《部首》
部首を識別し、漢字の構成と意味を理解している。

3級

程度
常用漢字のうち約1600字を理解し、文章の中で適切に使える。

領域・内容
《読むことと書くこと》
小学校学年別漢字配当表のすべての漢字と、その他の常用漢字約600字の読み書きを習得し、文章の中で適切に使える。
- ・音読みと訓読みとを正しく理解していること
- ・送り仮名や仮名遣いに注意して正しく書けること
- ・熟語の構成を正しく理解していること
- ・熟字訓、当て字を理解していること（乙女／おとめ、風邪／かぜ など）
- ・対義語、類義語、同音・同訓異字を正しく理解していること

《四字熟語》
四字熟語を理解している。

《部首》
部首を識別し、漢字の構成と意味を理解している。

準2級

程度

常用漢字のうち1951字を理解し、文章の中で適切に使える。

領域・内容

《読むことと書くこと》

1951字の漢字の読み書きを習得し、文章の中で適切に使える。

・音読みと訓読みとを正しく理解していること
・送り仮名や仮名遣いに注意して正しく書けること
・熟語の構成を正しく理解していること
・熟字訓、当て字を理解していること（硫黄／いおう、相撲／すもう　など）
・対義語、類義語、同音・同訓異字を正しく理解していること

《四字熟語》

典拠のある四字熟語を理解している（驚天動地、孤立無援　など）。

《部首》

部首を識別し、漢字の構成と意味を理解している。

※1951字とは、昭和56年（1981年）10月1日付内閣告示による旧「常用漢字表」の1945字から「勺」「錘」「銑」「脹」「匁」の5字を除いたものに、現行の「常用漢字表」のうち、「茨」「媛」「岡」「熊」「埼」「鹿」「栃」「奈」「梨」「阪」「阜」の11字を加えたものを指す。

2級

程度

すべての常用漢字を理解し、文章の中で適切に使える。

領域・内容

《読むことと書くこと》

すべての常用漢字の読み書きに習熟し、文章の中で適切に使える。

・音読みと訓読みとを正しく理解していること
・送り仮名や仮名遣いに注意して正しく書けること
・熟語の構成を正しく理解していること
・熟字訓、当て字を理解していること（海女／あま、玄人／くろうと　など）
・対義語、類義語、同音・同訓異字などを正しく理解していること

《四字熟語》

典拠のある四字熟語を理解している（鶏口牛後、呉越同舟　など）。

《部首》

部首を識別し、漢字の構成と意味を理解している。

読み①

次の——線の**漢字の読み**を**ひらがな**で記せ。

□□ 1 <u>王侯</u>さながらの生活をしている。 [　　　]

□□ 2 <u>私塾</u>で学者が教育を行った。 [　　　]

□□ 3 合格後に<u>入寮</u>手続きをする。 [　　　]

□□ 4 耳に<u>栓</u>をしたくなるような話だ。 [　　　]

□□ 5 <u>硫酸</u>の扱いに気をつける。 [　　　]

□□ 6 <u>婚姻</u>の無効を申し立てる。 [　　　]

□□ 7 <u>隅々</u>まで注意が行き届く。 [　　　]

□□ 8 <u>茎</u>を短く切って花束にする。 [　　　]

□□ 9 <u>杉並木</u>を抜けて大通りに出る。 [　　　]

□□ 10 父と一緒に<u>釣</u>り堀に行く。 [　　　]

(標準解答)　　　(解　説)

読み

部首

熟語の構成

四字熟語

対義語・類義語

同音・同訓異字

誤字訂正

送りがな

書き取り

1 [おうこう]　王侯：国を治める人と、大名や領主など。

2 [しじゅく]　私塾：私設の教育機関。

3 [にゅうりょう]　入寮：寄宿するために寮に入ること。

4 [せん]　栓：瓶のくち、管や穴などをふさぐもの。
よくある✕ ふた…「ふた」と読むのは別字の「蓋」。
意味は「入れ物のくちをおおいふさぐもの」。

5 [りゅうさん]　硫酸：硫黄・酸素・水素からなる無色無臭で粘り気のある、酸性の液体。

6 [こんいん]　婚姻：夫婦になること。法律上、正式に結婚すること。

7 [すみずみ]　隅々：あらゆる方面。

8 [くき]　茎：葉と根をつなぎ植物を構成する基本器官。

9 [すぎなみき]　杉並木：街路の両側に並べて植えられた杉。

10 [つ]　釣り堀：人工池や天然の池沼に魚を放し、料金を取って釣りをさせる場所。

11

読み②

次の──線の**漢字の読み**を**ひらがな**で記せ。

□□ 1　あの二人は以前から犬猿の仲だ。　　〔　　　　〕

□□ 2　組織の中核としての責任を担う。　　〔　　　　〕

□□ 3　マネージャーが全体を統括する。　　〔　　　　〕

□□ 4　艦長は乗組員全員を集めた。　　　　〔　　　　〕

□□ 5　防災施設で地震を擬似体験する。　　〔　　　　〕

□□ 6　その見解には首肯しかねる。　　　　〔　　　　〕

□□ 7　鈴虫の美しい音色に耳を澄ます。　　〔　　　　〕

□□ 8　浦風を受けながら浜辺を歩く。　　　〔　　　　〕

□□ 9　その場には不満が渦巻いていた。　　〔　　　　〕

□□ 10　叔母さんの家に遊びに行く。　　　　〔　　　　〕

標準解答　　　　　　解　説

1 [けんえん]　犬猿の仲：非常に仲が悪いことのたとえ。

2 [ちゅうかく]　中核：最も重要な部分。
ある**✕** ちゅうがい…「がい」と読むのは別字の「該」。部首が異なることに注意。

3 [とうかつ]　統括：ばらばらのものを、ある基準で一つにまとめること。

4 [かんちょう]　艦長：軍艦の指揮統率をする最高責任者。
ある**✕** せんちょう…「せんちょう」と読むのは「船長」。

5 [ぎじ]　擬似：本物ににせること。

6 [しゅこう]　首肯：うなずいて同意や承諾を示すこと。
語例 肯定

7 [すずむし]　鈴虫：小型の昆虫。オスは夏から秋にかけて鳴く。

8 [うらかぜ]　浦風：海辺に吹いている風。

9 [うずま]　渦巻く：多くの感情が激しく入り乱れる。

10 [おば]　叔母：父または母の妹。
ある**✕** そぼ…「そぼ」と読むのは「祖母」で、「父母の母。おばあさん。」という意味。

読み

部首

熟語の構成

四字熟語

対義語・類義語

同音・同訓異字

誤字訂正

送りがな

書き取り

13

読み③

次の──線の**漢字の読み**を**ひらがな**で記せ。

□□ 1 <u>酢酸</u>には強い酸味と刺激臭がある。 [　　　　]

□□ 2 <u>猟銃</u>の所持には許可がいる。 [　　　　]

□□ 3 <u>庶民</u>の感覚を大事にする。 [　　　　]

□□ 4 不穏な空気が<u>醸成</u>される。 [　　　　]

□□ 5 <u>租借</u>の期限が切れ領土が返還される。 [　　　　]

□□ 6 夏休みは毎年<u>山荘</u>で過ごす。 [　　　　]

□□ 7 <u>垣根</u>にサザンカの花が咲く。 [　　　　]

□□ 8 見るに<u>堪</u>えない惨状だ。 [　　　　]

□□ 9 <u>暁</u>の空にまだ星が残っている。 [　　　　]

□□ 10 髪を<u>襟足</u>あたりで切りそろえる。 [　　　　]

| 標準解答 | 解　説 |

1 ［ さくさん ］　酢酸：刺激性のにおいと酸味のある液体。

2 ［ りょうじゅう ］　猟銃：狩猟に用いる銃。

3 ［ しょみん ］　庶民：一般の人々。大衆。

4 ［ じょうせい ］　醸成：ある機運や状況が作り出されること。

5 ［ そしゃく ］　租借：他国の領土の一部を借りること。

6 ［ さんそう ］　山荘：山中に建てた別荘。

7 ［ かきね ］　垣根：敷地を区切るため、植物や竹などで作った仕切り。

8 ［ た ］　堪える：我慢する。

9 ［ あかつき ］　暁：明け方。

10 ［ えりあし ］　襟足：首筋の髪の生え際。

読み

部首

熟語の構成

四字熟語

対義語・類義語

同音・同訓異字

誤字訂正

送りがな

書き取り

15

次の——線の**漢字の読み**を**ひらがな**で記せ。

☐☐ 1 レポートに図や表を<u>挿入</u>する。　　［　　　］

☐☐ 2 <u>重曹</u>で台所を掃除する。　　［　　　］

☐☐ 3 <u>密偵</u>が探索活動を進める。　　［　　　］

☐☐ 4 <u>競艇</u>場でボートレースが開かれた。　　［　　　］

☐☐ 5 <u>王妃</u>主催の舞踏会に招かれる。　　［　　　］

☐☐ 6 <u>公僕</u>としての自覚を持つ。　　［　　　］

☐☐ 7 みずみずしいロマンが<u>薫</u>る文学だ。　　［　　　］

☐☐ 8 <u>雨傘</u>を持っていくことにした。　　［　　　］

☐☐ 9 包丁の<u>刃先</u>を研ぐ。　　［　　　］

☐☐ 10 東京の<u>伯父</u>さんの家に下宿する。　　［　　　］

標準解答　　　　　　　解　説

1 [そうにゅう]　挿入：中にさし入れること。

2 [じゅうそう]　重曹：炭酸水素ナトリウムのこと。

3 [みってい]　密偵：内情をひそかに調べる人。

4 [きょうてい]　競艇：モーターボート競走。

5 [おうひ]　王妃：王の妻。

6 [こうぼく]　公僕：一般の人々に奉仕する者。

7 [かお]　薫る：よいにおいを放つ。
かおる…送りがなまで書いている誤答が多い。──線部分をよく確認しよう。

8 [あまがさ]　雨傘：雨が降った際にさす傘。

9 [はさき]　刃先：刃の先端。

10 [おじ]　伯父：父または母の兄。

読み

部首

熟語の構成

四字熟語

対義語・類義語

同音・同訓異字

誤字訂正

送りがな

書き取り

17

次の——線の**漢字の読み**を**ひらがな**で記せ。

□□ 1 手術で使う器具を<u>滅菌</u>する。 [　　　]

□□ 2 <u>献身</u>的に患者の世話をした。 [　　　]

□□ 3 <u>平衡</u>感覚に優れた政治家だ。 [　　　]

□□ 4 今世紀最大の不思議と<u>銘打</u>つ。 [　　　]

□□ 5 叔母は小学校の<u>教諭</u>をしている。 [　　　]

□□ 6 <u>透析</u>治療のため通院している。 [　　　]

□□ 7 古い<u>塚</u>も歴史の証人だ。 [　　　]

□□ 8 <u>泥沼</u>の争いに突入した。 [　　　]

□□ 9 銃の<u>筒先</u>を向けられて驚いた。 [　　　]

□□ 10 テレビで<u>相撲</u>を観戦する。 [　　　]

標準解答 ・ 解 説

1 [めっきん] 滅菌：熱や薬品などで細菌を死滅させること。
誤答✕ げんきん…「げん」と読むのは別字の「減」。

2 [けんしん] 献身：自分を犠牲にして尽くすこと。

3 [へいこう] 平衡：つりあいがとれていること。
誤答✕ へいきん…「へいきん」と読むのは「平均」。

4 [めいう] 銘打つ：特別な名目をかかげる。

5 [きょうゆ] 教諭：学校の先生。

6 [とうせき] 透析：血液中の有害物質を除去する治療法。
語例 解析

7 [つか] 塚：目印として土を高く盛り上げたもの。

8 [どろぬま] 泥沼：一度入ると、抜け出すことが難しい困難な状況。

9 [つつさき] 筒先：鉄砲などの先。

10 [すもう] 相撲：まわしをつけた二人が土俵内で組み合い、相手を倒すか土俵外に出すかで勝負を決める競技。

読み

部首

熟語の構成

四字熟語

対義語・類義語

同音・同訓異字

誤字訂正

送りがな

書き取り

19

部首①

次の漢字の**部首**を記せ。
〈例〉菜 〔 艹 〕 間 〔 門 〕

☐☐ 1 嚇 〔　　　〕

☐☐ 2 貢 〔　　　〕

☐☐ 3 矯 〔　　　〕

☐☐ 4 迭 〔　　　〕

☐☐ 5 酢 〔　　　〕

☐☐ 6 雰 〔　　　〕

☐☐ 7 践 〔　　　〕

☐☐ 8 宰 〔　　　〕

☐☐ 9 扉 〔　　　〕

☐☐10 款 〔　　　〕

標準解答	解 説
1 [口]	**部首(部首名)** 口（くちへん） ✎ 口の漢字例：咳、唯 など **ょくある✕** 赤（あか）ではない。
2 [貝]	**部首(部首名)** 貝（かい・こがい） ✎ 貝の漢字例：貞、貫、賢 など **ょくある✕** エ（え・たくみ）ではない。
3 [矢]	**部首(部首名)** 矢（やへん） ✎ 矢の漢字例：短 など
4 [辶]	**部首(部首名)** 辶（しんにょう・しんにゅう） ✎ 辶の漢字例：逸、還、逝 など
5 [酉]	**部首(部首名)** 酉（とりへん） ✎ 酉の漢字例：酷、酌 など
6 [雨]	**部首(部首名)** 雨（あめかんむり） ✎ 雨の漢字例：霜、零 など
7 [足]	**部首(部首名)** 足（あしへん） ✎ 足の漢字例：距、跡 など
8 [宀]	**部首(部首名)** 宀（うかんむり） ✎ 宀の漢字例：宜、寡、寧 など **ょくある✕** 辛（からい）ではない。
9 [戸]	**部首(部首名)** 戸（とだれ・とかんむり） ✎ 戸の漢字例：房、扇 など **ょくある✕** 非（あらず・ひ）ではない。
10 [欠]	**部首(部首名)** 欠（あくび・かける） ✎ 欠の漢字例：欧、欺 など **ょくある✕** 示（しめす）ではない。

読み

部首

熟語の構成

四字熟語

対義語・類義語

同音・同訓異字

誤字訂正

送りがな

書き取り

※辞典や参考書により、部首や部首名の表記が異なる場合がありますが、「漢検」では定められた
部首・部首名で解答する必要があります。採点基準は巻頭ページをご覧ください。

部首②

次の漢字の**部首**を記せ。
〈例〉菜 〔 艹 〕 間 〔 門 〕

□□ 1 宵 　　　　　　　　　　〔　　　〕

□□ 2 艇 　　　　　　　　　　〔　　　〕

□□ 3 遮 　　　　　　　　　　〔　　　〕

□□ 4 叔 　　　　　　　　　　〔　　　〕

□□ 5 准 　　　　　　　　　　〔　　　〕

□□ 6 彰 　　　　　　　　　　〔　　　〕

□□ 7 堪 　　　　　　　　　　〔　　　〕

□□ 8 薦 　　　　　　　　　　〔　　　〕

□□ 9 猶 　　　　　　　　　　〔　　　〕

□□ 10 尼 　　　　　　　　　　〔　　　〕

（標準解答）　　　　　（解　説）

1 [宀]
部首(部首名) 宀（うかんむり）
✎ 宀の漢字例：宜、寡、寧　など

2 [舟]
部首(部首名) 舟（ふねへん）
✎ 舟の漢字例：艦、舶、航　など
よくある✕ 辶（えんにょう）ではない。

3 [辶]
部首(部首名) 辶（しんにょう・しんにゅう）
✎ 辶の漢字例：逸、還、逝　など

4 [又]
部首(部首名) 又（また）
✎ 又の漢字例：双、又、及　など

5 [冫]
部首(部首名) 冫（にすい）
✎ 冫の漢字例：凝、凍　など
よくある✕ 隹（ふるとり）ではない。

6 [彡]
部首(部首名) 彡（さんづくり）
✎ 彡の漢字例：彫、影、彩　など

7 [土]
部首(部首名) 土（つちへん）
✎ 土の漢字例：垣、壌、培　など

8 [艹]
部首(部首名) 艹（くさかんむり）
✎ 艹の漢字例：菌、藻、茎　など

9 [犭]
部首(部首名) 犭（けものへん）
✎ 犭の漢字例：猿、猫　など

10 [尸]
部首(部首名) 尸（かばね・しかばね）
✎ 尸の漢字例：履、尿　など
よくある✕ ヒ（ひ）ではない。

読み

部首

熟語の構成

四字熟語

対義語・類義語

同音・同訓異字

誤字訂正

送りがな

書き取り

部首③

次の漢字の**部首**を記せ。
〈例〉菜 〔 艹 〕 間 〔 門 〕

□□ 1 閥 　　　　　　　　　　　　〔　　　　〕

□□ 2 刃 　　　　　　　　　　　　〔　　　　〕

□□ 3 尉 　　　　　　　　　　　　〔　　　　〕

□□ 4 翁 　　　　　　　　　　　　〔　　　　〕

□□ 5 弔 　　　　　　　　　　　　〔　　　　〕

□□ 6 勅 　　　　　　　　　　　　〔　　　　〕

□□ 7 術 　　　　　　　　　　　　〔　　　　〕

□□ 8 韻 　　　　　　　　　　　　〔　　　　〕

□□ 9 痢 　　　　　　　　　　　　〔　　　　〕

□□ 10 殻 　　　　　　　　　　　　〔　　　　〕

1回目	2回目
/10問	/10問

▶▶▶ 1章
▶▶▶ 2章
▶▶▶ 3章

（標準解答）　　　（解　説）

1 [門]
部首(部首名) 門（もんがまえ）
✎ 門の漢字例：閑、閣　など

2 [刀]
部首(部首名) 刀（かたな）
✎ 刀の漢字例：券、初　など

3 [寸]
部首(部首名) 寸（すん）
✎ 寸の漢字例：寿、封　など

4 [羽]
部首(部首名) 羽（はね）
✎ 羽の漢字例：翼、翌　など

5 [弓]
部首(部首名) 弓（ゆみ）
✎ 弓の漢字例：弟　など

6 [力]
部首(部首名) 力（ちから）
✎ 力の漢字例：勲、勘、励　など

7 [行]
部首(部首名) 行（ぎょうがまえ・ゆきがまえ）
✎ 行の漢字例：衝、衡、街　など
まちがえ× 彳（ぎょうにんべん）ではない。

8 [音]
部首(部首名) 音（おと）
✎ 音の漢字例：響　など

9 [疒]
部首(部首名) 疒（やまいだれ）
✎ 疒の漢字例：疫、痴、癒　など

10 [殳]
部首(部首名) 殳（るまた・ほこづくり）
✎ 殳の漢字例：殴、殿　など

読み

部首

熟語の構成

四字熟語

対義語・類義語

同音・同訓異字

誤字訂正

送りがな

書き取り

部首④

次の漢字の**部首**を記せ。
〈例〉菜 〔 ⺾ 〕 間 〔 門 〕

□□ 1　劾　　　　　　　　　　　〔　　　〕

□□ 2　享　　　　　　　　　　　〔　　　〕

□□ 3　恭　　　　　　　　　　　〔　　　〕

□□ 4　薫　　　　　　　　　　　〔　　　〕

□□ 5　蛍　　　　　　　　　　　〔　　　〕

□□ 6　献　　　　　　　　　　　〔　　　〕

□□ 7　碁　　　　　　　　　　　〔　　　〕

□□ 8　昆　　　　　　　　　　　〔　　　〕

□□ 9　栽　　　　　　　　　　　〔　　　〕

□□ 10　爵　　　　　　　　　　　〔　　　〕

1回目	2回目
／10問	／10問

▶▶▶ 1章
▶▶▶ 2章
▶▶▶ 3章

（標準解答） （解 説）

1 ［ 力 ］
部首(部首名) 力（ちから）
✐ 力の漢字例：勲、勘、励 など

2 ［ 亠 ］
部首(部首名) 亠（なべぶた・けいさんかんむり）
✐ 亠の漢字例：亡、京、交 など
よく×ある 子（こ）ではない。

3 ［ 小 ］
部首(部首名) 小（したごころ）
✐ 小の漢字例：慕

4 ［ ⺾ ］
部首(部首名) ⺾（くさかんむり）
✐ ⺾の漢字例：菌、藻、茎 など
よく×ある ⺣（れんが・れっか）ではない。

5 ［ 虫 ］
部首(部首名) 虫（むし）
✐ 虫の漢字例：融、蛮 など

6 ［ 犬 ］
部首(部首名) 犬（いぬ）
✐ 犬の漢字例：獣、状 など

7 ［ 石 ］
部首(部首名) 石（いし）
✐ 石の漢字例：石 など

8 ［ 日 ］
部首(部首名) 日（ひ）
✐ 日の漢字例：暫、昇、晶 など
よく×ある 比（ならびひ・くらべる）ではない。

9 ［ 木 ］
部首(部首名) 木（き）
✐ 木の漢字例：架、棄、桑 など
よく×ある 戈（ほこづくり・ほこがまえ）ではない。

10 ［ ⺥ ］
部首(部首名) ⺥（つめかんむり・つめがしら）
✐ 常用漢字で⺥を部首とする漢字は爵のみ。

読み

部首

熟語の構成

四字熟語

対義語・類義語

同音・同訓異字

誤字訂正

送りがな

書き取り

27

部首⑤

次の漢字の**部首**を記せ。
〈例〉菜 〔 ⧺ 〕 間 〔 門 〕

□
□ 1 充 〔　　　〕

□
□ 2 殉 〔　　　〕

□
□ 3 叙 〔　　　〕

□
□ 4 帥 〔　　　〕

□
□ 5 崇 〔　　　〕

□
□ 6 窃 〔　　　〕

□
□ 7 附 〔　　　〕

□
□ 8 泰 〔　　　〕

□
□ 9 呈 〔　　　〕

□
□ 10 亭 〔　　　〕

（標準解答）　　　（解　説）

1 [儿]
部首(部首名) 儿（ひとあし・にんにょう）
✎ 儿の漢字例：免、党、兆　など
よる✕ 亠（なべぶた・けいさんかんむり）ではない。

2 [歹]
部首(部首名) 歹（かばねへん・いちたへん・がつへん）
✎ 歹の漢字例：殊、殖　など

3 [又]
部首(部首名) 又（また）
✎ 又の漢字例：双、又、及　など

4 [巾]
部首(部首名) 巾（はば）
✎ 巾の漢字例：幣、帝　など

5 [山]
部首(部首名) 山（やま）
✎ 山の漢字例：岳、崩　など

6 [穴]
部首(部首名) 穴（あなかんむり）
✎ 穴の漢字例：窮、窒、窓　など
よる✕ 宀（うかんむり）ではない。

7 [阝]
部首(部首名) 阝（こざとへん）
✎ 阝の漢字例：陥、隅、陶　など

8 [氺]
部首(部首名) 氺（したみず）
✎ 常用漢字で氺を部首とする漢字は泰のみ。

9 [口]
部首(部首名) 口（くち）
✎ 口の漢字例：呉、哀、吏　など
よる✕ 王（おう）ではない。

10 [亠]
部首(部首名) 亠（なべぶた・けいさんかんむり）
✎ 亠の漢字例：亡、京、交　など

読み　部首　熟語の構成　四字熟語　対義語・類義語　同音・同訓異字　誤字訂正　送りがな　書き取り

熟語の構成①

熟語の構成のしかたには □□□□ 内の**ア～オ**のようなものがある。次の熟語は □□□□ 内の**ア～オ**のどれにあたるか、**一つ選び**、**記号**で答えよ。

□□ 1 不審 　　　　　　　　　　　　　 [　]

□□ 2 剛柔 　　　　　　　　　　　　　 [　]

□□ 3 未踏

| ア | 同じような意味の漢字を重ねたもの（岩石） |

[　]

□□ 4 抗菌

| イ | 反対または対応の意味を表す字を重ねたもの（高低） |

[　]

□□ 5 逸話 　　　　　　　　　　　　　 [　]

□□ 6 挑戦

| ウ | 前の字が後の字を修飾しているもの（洋画） |

[　]

□□ 7 脚韻

| エ | 後の字が前の字の目的語・補語になっているもの（着席） |

[　]

□□ 8 紛糾

| オ | 前の字が後の字の意味を打ち消しているもの（非常） |

[　]

□□ 9 座礁 　　　　　　　　　　　　　 [　]

□□ 10 惜別 　　　　　　　　　　　　　 [　]

	1回目	2回目
	/10問	/10問

標準解答	解　説

読み

部首

熟語の構成

四字熟語

対義語・類義語

同音・同訓異字

誤字訂正

送りがな

書き取り

1 [オ]
不審：疑問に思うこと。
構成 不 × 審 打消
あきらかでない。審は「あきらか」という意味。

2 [イ]
剛柔：かたいこととやわらかいこと。
構成 剛 ⟷ 柔 対義
「かたい(強い)こと」と「やわらかい(やさしい)こと」、反対の意味。

3 [オ]
未踏：まだだれも足を踏み入れていないこと。
構成 未 × 踏 打消
まだ踏み入れていない。

4 [エ]
抗菌：細菌の発生や増殖を防ぐこと。
構成 抗 ⟵ 菌 目的
菌の繁殖を防ぐ。

5 [ウ]
逸話：ある人物に関するあまり知られていない興味深い話。
構成 逸 ⟶ 話 修飾
知られていない話。

6 [エ]
挑戦：戦いや困難などに挑むこと。
構成 挑 ⟵ 戦 目的
戦いを挑む。

7 [ウ]
脚韻：詩歌で句末・行末にふむ韻。
構成 脚 ⟶ 韻 修飾
句末・行末の韻。

8 [ア]
紛糾：意見などがもつれること。
構成 紛 ＝ 糾 同義
どちらも「もつれ乱れる」という意味。

9 [エ]
座礁：船が岩などに乗り上げて動けなくなること。
構成 座 ⟵ 礁 目的
暗礁に座る。

10 [エ]
惜別：別れをつらく思うこと。
構成 惜 ⟵ 別 目的
別れを惜しむ。

熟語の構成②

熟語の構成のしかたには[____]内の**ア～オ**のようなものがある。
次の熟語は[____]内の**ア～オ**のどれにあたるか、**一つ**選び、**記号**で答えよ。

☐☐ 1　不肖　　　　　　　　　[　　]

☐☐ 2　興廃　　　　　　　　　[　　]

ア	同じような意味の漢字を重ねたもの（岩石）

☐☐ 3　未刊　　　　　　　　　[　　]

☐☐ 4　直轄　　　　　　　　　[　　]

イ	反対または対応の意味を表す字を重ねたもの（高低）

☐☐ 5　虜囚　　　　　　　　　[　　]

☐☐ 6　納涼　　　　　　　　　[　　]

ウ	前の字が後の字を修飾しているもの（洋画）

☐☐ 7　雪渓　　　　　　　　　[　　]

☐☐ 8　謙譲　　　　　　　　　[　　]

エ	後の字が前の字の目的語・補語になっているもの（着席）
オ	前の字が後の字の意味を打ち消しているもの（非常）

☐☐ 9　出廷　　　　　　　　　[　　]

☐☐ 10　枢要　　　　　　　　[　　]

標準解答 | 解　説

1 [オ]
不肖：親や師に似ず、愚かで劣っていること。
構成 不 × 肖 打消
似ていない。

2 [イ]
興廃：盛んになることと、衰えること。
構成 興 ←→ 廃 対義
「興ること」と「廃れること」、反対の意味。

3 [オ]
未刊：本がまだ刊行されないこと。
構成 未 × 刊 打消
まだ刊行されていない。

4 [ウ]
直轄：直接、管理や支配をすること。
構成 直 → 轄 修飾
直接に管理する。

5 [ア]
虜囚：とらわれた人。
構成 虜 ＝ 囚 同義
どちらも「とらわれた人」という意味。

6 [エ]
納涼：暑さを避け、涼しさを味わうこと。
構成 納 ← 涼 目的
涼しさを受け入れる。

7 [ウ]
雪渓：夏でも氷雪が残る高山の斜面や谷。
構成 雪 → 渓 修飾
雪が残る谷。

8 [ア]
謙譲：へりくだって相手に譲ること。
構成 謙 ＝ 譲 同義
どちらも「ゆずる」という意味。

9 [エ]
出廷：裁判の行われる場所に出ること。
構成 出 ← 廷 目的
法廷に出る。

10 [ア]
枢要：物事の最もたいせつなところ。
構成 枢 ＝ 要 同義
どちらも「かなめ」という意味。

読み / 部首 / **熟語の構成** / 四字熟語 / 対義語・類義語 / 同音・同訓異字 / 誤字訂正 / 送りがな / 書き取り

熟語の構成③

熟語の構成のしかたには_____内の**ア～オ**のようなものがある。
次の熟語は_____内の**ア～オ**のどれにあたるか、**一つ**選び、**記号**で答えよ。

□□ 1 不惑　　　　　　　　　　　　[　　]

□□ 2 栄辱　　　　　　　　　　　　[　　]

□□ 3 忍苦　　　　　　　　　　　　[　　]

□□ 4 弦楽　　　　　　　　　　　　[　　]

□□ 5 譲歩　　　　　　　　　　　　[　　]

□□ 6 独酌　　　　　　　　　　　　[　　]

□□ 7 珠玉　　　　　　　　　　　　[　　]

□□ 8 閲兵　　　　　　　　　　　　[　　]

□□ 9 搭乗　　　　　　　　　　　　[　　]

□□ 10 合掌　　　　　　　　　　　　[　　]

> ア 同じような意味の漢字
>   を重ねたもの
>   　　　　　　（岩石）
>
> イ 反対または対応の意味
>   を表す字を重ねたもの
>   　　　　　　（高低）
>
> ウ 前の字が後の字を修飾
>   しているもの
>   　　　　　　（洋画）
>
> エ 後の字が前の字の目的
>   語・補語になっている
>   もの　　　　（着席）
>
> オ 前の字が後の字の意味
>   を打ち消しているもの
>   　　　　　　（非常）

（標準解答）　　　　　　　解　説

1 ［ オ ］ 不惑：惑わないこと。四十歳のこと。
構成 不 × 惑 **打消**
惑わない。

2 ［ イ ］ 栄辱：ほまれとはずかしめ。
構成 栄 ←→ 辱 **対義**
「栄誉」と「恥辱」、反対の意味。

3 ［ エ ］ 忍苦：苦しみをこらえること。
構成 忍 ←― 苦 **目的**
苦しみを耐え忍ぶ。

4 ［ ウ ］ 弦楽：弦楽器による楽曲。
構成 弦 ―→ 楽 **修飾**
弦楽器の音楽。

5 ［ エ ］ 譲歩：ほかの意見を受け入れること。
構成 譲 ←― 歩 **目的**
道を譲る。

6 ［ ウ ］ 独酌：自分で酌をして一人で酒をのむこと。
構成 独 ―→ 酌 **修飾**
一人で酌をする。

7 ［ ア ］ 珠玉：美しいものや立派なもののたとえ。
構成 珠 == 玉 **同義**
どちらも「美しいもの。優れたもの。」という意味。

8 ［ エ ］ 閲兵：司令官などが整列した軍隊を見回ること。
構成 閲 ←― 兵 **目的**
軍隊を検閲する。

9 ［ ア ］ 搭乗：飛行機などに乗りこむこと。
構成 搭 == 乗 **同義**
どちらも「乗り物に乗る」という意味。

10 ［ エ ］ 合掌：てのひらを合わせて拝むこと。
構成 合 ←― 掌 **目的**
てのひらを合わせる。

読み

部首

熟語の構成

四字熟語

対義語・類義語

同音・同訓異字

誤字訂正

送りがな

書き取り

熟語の構成④

熟語の構成のしかたには□□□内の**ア~オ**のようなものがある。
次の熟語は□□□内の**ア~オ**のどれにあたるか、**一つ**選び、**記号**で答えよ。

□□ 1 不祥 　　　　　　　　　　[　]

□□ 2 翻意 　　　　　　　　　　[　]

□□ 3 庶務 　　　　　　　　　　[　]

□□ 4 免疫 　　　　　　　　　　[　]

□□ 5 憂愁 　　　　　　　　　　[　]

□□ 6 還元 　　　　　　　　　　[　]

□□ 7 仙境 　　　　　　　　　　[　]

□□ 8 経緯 　　　　　　　　　　[　]

□□ 9 扶助 　　　　　　　　　　[　]

□□10 料亭 　　　　　　　　　　[　]

ア　同じような意味の漢字を重ねたもの
　　　　　　　　　　（岩石）

イ　反対または対応の意味を表す字を重ねたもの
　　　　　　　　　　（高低）

ウ　前の字が後の字を修飾しているもの
　　　　　　　　　　（洋画）

エ　後の字が前の字の目的語・補語になっているもの　（着席）

オ　前の字が後の字の意味を打ち消しているもの
　　　　　　　　　　（非常）

標準解答　　　　　　解　説

読み

部首

熟語の構成

四字熟語

対義語・類義語

同音・同訓異字

誤字訂正

送りがな

書き取り

1 〔 オ 〕
不祥：不吉であること。
構成 不 × 祥 打消
めでたくない。

2 〔 エ 〕
翻意：決心を翻すこと。
構成 翻 ← 意 目的
意志を翻す。

3 〔 ウ 〕
庶務：こまごまとした事務仕事。
構成 庶 → 務 修飾
もろもろの仕事。

4 〔 エ 〕
免疫：抵抗力を持ち、病気にかからなくすること。
構成 免 ← 疫 目的
疫病から免れる。

5 〔 ア 〕
憂愁：うれい悲しむこと。
構成 憂 ═ 愁 同義
どちらも「うれい悲しむ」という意味。

6 〔 エ 〕
還元：元の状態に戻すこと。
構成 還 ← 元 目的
元に戻す。

7 〔 ウ 〕
仙境：俗世間を離れた清らかな場所。
構成 仙 → 境 修飾
仙人のいる所。

8 〔 イ 〕
経緯：たてとよこ。転じて、いきさつ。
構成 経 ←→ 緯 対義
「縦糸」と「横糸」、反対の意味。

9 〔 ア 〕
扶助：力添えをしてたすけること。
構成 扶 ═ 助 同義
どちらも「たすける」という意味。

10 〔 ウ 〕
料亭：和食を提供する高級な料理店。
構成 料 → 亭 修飾
料理を提供する建物。

熟語の構成⑤

熟語の構成のしかたには□□□内の**ア～オ**のようなものがある。
次の熟語は□□□内の**ア～オ**のどれにあたるか、**一つ**選び、**記号**で答えよ。

□
□ 1 余韻 [ ]

□
□ 2 献杯 [ ]

ア 同じような意味の漢字
　を重ねたもの
　　　　　　　（岩石）

□
□ 3 免租 [ ]

□
□ 4 奨学 [ ]

イ 反対または対応の意味
　を表す字を重ねたもの
　　　　　　　（高低）

□
□ 5 不穏 [ ]

ウ 前の字が後の字を修飾
　しているもの
　　　　　　　（洋画）

□
□ 6 俊秀 [ ]

□
□ 7 繊毛 [ ]

エ 後の字が前の字の目的
　語・補語になっている
　もの　　　　（着席）

□
□ 8 漸進 [ ]

オ 前の字が後の字の意味
　を打ち消しているもの
　　　　　　　（非常）

□
□ 9 彼我 [ ]

□
□10 恭賀 [ ]

標準解答	解　説

1 [ウ]
余韻：物事が終わった後に残る味わい。
構成 余 → 韻 **修飾**
後に残った音。

2 [エ]
献杯：杯を相手に差し出し敬意を表すこと。
構成 献 ← 杯 **目的**
杯をかかげる。

3 [エ]
免租：税金などの負担を除くこと。
構成 免 ← 租 **目的**
租税を免除する。

4 [エ]
奨学：学問を奨励すること。
構成 奨 ← 学 **目的**
学問をすすめる。

5 [オ]
不穏：穏やかでないこと。
構成 不 × 穏 **打消**
穏やかでない。

6 [ア]
俊秀：才知に優れていること。
構成 俊 ＝ 秀 **同義**
どちらも「非常に優れている」という意味。

7 [ウ]
繊毛：非常に細く短い毛。
構成 繊 → 毛 **修飾**
細い毛。

8 [ウ]
漸進：少しずつ進むこと。
構成 漸 → 進 **修飾**
少しずつ進む。

9 [イ]
彼我：相手と自分。
構成 彼 ←→ 我 **対義**
「相手」と「自分」、反対の意味。

10 [ウ]
恭賀：つつしんで祝うこと。
構成 恭 → 賀 **修飾**
つつしんで祝う。

読み

部首

熟語の構成

四字熟語

対義語・類義語

同音・同訓異字

誤字訂正

送りがな

書き取り

四字熟語①

:::: 内のひらがなを**漢字**にして（1〜10）に入れ、**四字熟語**を
完成せよ。 :::: 内のひらがなは一度だけ使い、**漢字一字**で答えよ。
また、**11〜15**の**意味**にあてはまるものを**ア〜コ**の四字熟語から**一つ**
選び、**記号**で答えよ。

□□ 1　ア　森（ **1** ）万象　　　　　　［　　　］

□□ 2　イ　（ **2** ）風堂堂　　　　　　［　　　］

□□ 3　ウ　異（ **3** ）邪説　　　　　　［　　　］

□□ 4　エ　粉骨（ **4** ）身　　　　　　［　　　］

□□ 5　オ　（ **5** ）一無二　　　　　　［　　　］

□□ 6　カ　衆口一（ **6** ）　　　　　　［　　　］

□□ 7　キ　遺（ **7** ）千万　　　　　　［　　　］

□□ 8　ク　極楽（ **8** ）土　　　　　　［　　　］

□□ 9　ケ　（ **9** ）固一徹　　　　　　［　　　］

いかんがさいじょうたんちぺきゆいら

□□ 10　コ　金城鉄（ **10** ）　　　　　　［　　　］

□□ 11　皆の言うことがぴったり合うこと。　　　　　　［　　］
□□ 12　非常に残念なこと。　　　　　　　　　　　　　［　　］
□□ 13　正統でないやり方。　　　　　　　　　　　　　［　　］
□□ 14　全力を尽くしてことにあたること。　　　　　　［　　］
□□ 15　守りが非常にかたいこと。　　　　　　　　　　［　　］

	標準解答	解 説
1	羅	森羅万象：宇宙に存在する全てのもの。
2	威	威風堂々：堂々としていてりっぱなこと。
3	端	異端邪説：正統でないやり方。
4	砕	粉骨砕身：全力を尽くしてことにあたること。
5	唯	唯一無二：ただそれ一つきりで、他に同じものはないこと。
6	致	衆口一致：皆の言うことがぴったり合うこと。
7	憾	遺憾千万：非常に残念なこと。
8	浄	極楽浄土：仏教で、阿弥陀仏がいるという安楽の世界のこと。
9	頑	頑固一徹：一度決めたら、最後まで意地をはって押し通すこと。また、そういう人の性格。
10	壁	金城鉄壁：守りが非常にかたいこと。
11	カ	衆口一致　類 衆議一決
12	キ	遺憾千万
13	ウ	異端邪説
14	エ	粉骨砕身
15	コ	金城鉄壁　類 金城湯池、難攻不落

読み

部首

熟語の構成

四字熟語

対義語・類義語

同音・同訓異字

誤字訂正

送りがな

書き取り

四字熟語②

内のひらがなを**漢字**にして（ 1 ～10 ）に入れ、**四字熟語**を完成せよ。　　　内のひらがなは一度だけ使い、**漢字一字**で答えよ。また、11～15の意味にあてはまるものを**ア～コの四字熟語**から**一つ**選び、記号で答えよ。

□□ 1　ア　朝令（ 1 ）改　　　　　　　　　〔　　　〕

□□ 2　イ　力戦奮（ 2 ）　　　　　　　　　〔　　　〕

□□ 3　ウ　前（ 3 ）洋洋　　　　　　　　　〔　　　〕

□□ 4　エ　暗雲低（ 4 ）　　　　　　　　　〔　　　〕

□□ 5　オ　百（ 5 ）夜行　　　　　　　　　〔　　　〕

□□ 6　カ　意気消（ 6 ）　　　　　　　　　〔　　　〕

□□ 7　キ　禍福得（ 7 ）　　　　　　　　　〔　　　〕

□□ 8　ク　一所（ 8 ）命　　　　　　　　　〔　　　〕

□□ 9　ケ　呉（ 9 ）同舟　　　　　　　　　〔　　　〕

□□ 10　コ　玉石（ 10 ）交　　　　　　　　〔　　　〕

えつ
き
けん
こん
そう
ちん
と
とう
ぼう
めい

□□ 11　今後の人生に希望が満ちているさま。　　　　　〔　　　〕
□□ 12　よいこともあれば悪いこともあること。　　　　〔　　　〕
□□ 13　多くの人がひどい行為をすること。　　　　　　〔　　　〕
□□ 14　法令などがすぐに変わり定まらないこと。　　　〔　　　〕
□□ 15　仲の悪い者が一つ所に居合わせること。　　　　〔　　　〕

標準解答　　　　　解　説

読み

部首

熟語の構成

四字熟語

対義語・類義語

同音・同訓異字

誤字訂正

送りがな

書き取り

1 〔 暮 〕 朝令暮改：法令などがすぐに変わり定まらないこと。

2 〔 闘 〕 力戦奮闘：力の限り努力すること。

3 〔 途 〕 前途洋洋：今後の人生に希望が満ちているさま。

4 〔 迷 〕 暗雲低迷：不安な状態が続くこと。また、雲が低くたれこめて、晴れそうにないさま。

5 〔 鬼 〕 百鬼夜行：多くの人がひどい行為をすること。

6 〔 沈 〕 意気消沈：元気がなくなること。

7 〔 喪 〕 禍福得喪：よいこともあれば悪いこともあること。

8 〔 懸 〕 一所懸命：真剣に物事に打ち込むこと。

9 〔 越 〕 呉越同舟：仲の悪い者が一つ所に居合わせること。

10 〔 混 〕 玉石混交：優れたものと劣ったものが入りまじっていること。

11 〔 ウ 〕 前途洋洋　類 前途有望、前途有為

12 〔 キ 〕 禍福得喪

13 〔 オ 〕 百鬼夜行

14 〔 ア 〕 朝令暮改　類 朝改暮変、朝立暮廃

15 〔 ケ 〕 呉越同舟　類 同舟共済

43

四字熟語③

内のひらがなを**漢字**にして（1～10）に入れ、**四字熟語**を完成せよ。　　内のひらがなは一度だけ使い、**漢字一字**で答えよ。また、11～15の**意味**にあてはまるものを**ア～コ**の四字熟語から**一つ**選び、**記号**で答えよ。

□□ 1	ア　和洋（ 1 ）衷	[　　]
□□ 2	イ　才色（ 2 ）備	[　　]
□□ 3	ウ　理非（ 3 ）直	[　　]
□□ 4	エ　一日千（ 4 ）	[　　]
□□ 5	オ　（ 5 ）志満満	[　　]
□□ 6	カ　（ 6 ）手勝手	[　　]
□□ 7	キ　天下泰（ 7 ）	[　　]
□□ 8	ク　一（ 8 ）当千	[　　]
□□ 9	ケ　竜頭（ 9 ）尾	[　　]
□□ 10	コ　一（ 10 ）一菜	[　　]

えき
き
きょく
けん
しゅう
じゅう
せっ
だ
とう
へい

□□ 11	道徳的に正しいことと正しくないこと。	[　　]
□□ 12	世の中がよく治まり穏やかなさま。	[　　]
□□ 13	非常に待ち遠しく思う気持ち。	[　　]
□□ 14	最初は勢いがよいが、最後は振るわないさま。	[　　]
□□ 15	ずばぬけて強いこと。	[　　]

標準解答　　　解説

1 〔 折 〕 和洋折衷：日本と西洋の様式を取り合わせること。また、そのもの。

2 〔 兼 〕 才色兼備：女性がすぐれた才能と美しい容姿の両方に恵まれていること。

3 〔 曲 〕 理非曲直：道徳的に正しいことと正しくないこと。

4 〔 秋 〕 一日千秋：非常に待ち遠しく思う気持ち。

5 〔 闘 〕 闘志満満：たたかう意気込みにみちている様子。

6 〔 得 〕 得手勝手：他人のことを考えず、自分の都合のよいようにすること。

7 〔 平 〕 天下泰平：世の中がよく治まり穏やかなさま。

8 〔 騎 〕 一騎当千：ずばぬけて強いこと。

9 〔 蛇 〕 竜頭蛇尾：最初は勢いがよいが、最後は振るわないさま。

10 〔 汁 〕 一汁一菜：質素な食事のたとえ。

11 〔 ウ 〕 理非曲直　類 是非善悪、是非曲直

12 〔 キ 〕 天下泰平　類 泰平無事

13 〔 エ 〕 一日千秋

14 〔 ケ 〕 竜頭蛇尾

15 〔 ク 〕 一騎当千　類 一人当千

読み

部首

熟語の構成

四字熟語

対義語・類義語

同音・同訓異字

誤字訂正

送りがな

書き取り

45

四字熟語④

::::: 内のひらがなを**漢字**にして（1～10）に入れ、**四字熟語**を完成せよ。::::: 内のひらがなは一度だけ使い、**漢字一字**で答えよ。また、11～15の**意味**にあてはまるものを**ア～コ**の四字熟語から**一つ**選び、**記号**で答えよ。

□□ 1　ア　深山（ 1 ）谷　　　　　　　［　　　］

□□ 2　イ　色即（ 2 ）空　　　　　　　［　　　］

□□ 3　ウ　天（ 3 ）孤独　　　　　　　［　　　］

□□ 4　エ　栄（ 4 ）盛衰　　　　　　　［　　　］

□□ 5　オ　（ 5 ）知徹底　　　　　　　［　　　］

□□ 6　カ　空理空（ 6 ）　　　　　　　［　　　］

□□ 7　キ　円転滑（ 7 ）　　　　　　　［　　　］

□□ 8　ク　質実剛（ 8 ）　　　　　　　［　　　］

□□ 9　ケ　（ 9 ）面仏心　　　　　　　［　　　］

□□ 10　コ　支離滅（ 10 ）　　　　　　　［　　　］

がい
き
けん
こ
しゅう
ぜ
だつ
ゆう
れつ
ろん

□□ 11　飾らず真面目でたくましい様子。　　　　　　　　［　　　］
□□ 12　ばらばらで筋道が立っていないこと。　　　　　　［　　　］
□□ 13　現実からかけ離れ役に立たない考え。　　　　　　［　　　］
□□ 14　物事がすらすらと運ぶさま。　　　　　　　　　　［　　　］
□□ 15　栄えることと衰えること。　　　　　　　　　　　［　　　］

	標準解答	解説
1	幽	深山幽谷（しんざんゆうこく）：人が踏み入れていない、奥深く静かな自然のこと。
2	是	色即是空（しきそくぜくう）：万物の本質は空である。
3	涯	天涯孤独（てんがいこどく）：身寄りがなく独りぼっちであること。
4	枯	栄枯盛衰（えいこせいすい）：栄えることと衰えること。
5	周	周知徹底（しゅうちてってい）：世間一般、広くすみずみまで知れわたるようにすること。
6	論	空理空論（くうりくうろん）：現実からかけ離れ役に立たない考え。
7	脱	円転滑脱（えんてんかつだつ）：物事がすらすらと運ぶさま。
8	健	質実剛健（しつじつごうけん）：飾らず真面目でたくましい様子。
9	鬼	鬼面仏心（きめんぶっしん）：見た目は恐ろしそうだが、本当は心がとてもやさしいこと。
10	裂	支離滅裂（しりめつれつ）：ばらばらで筋道が立っていないこと。
11	ク	質実剛健（しつじつごうけん）
12	コ	支離滅裂（しりめつれつ）　類 四分五裂（しぶんごれつ）、乱雑無章（らんざつむしょう）
13	カ	空理空論（くうりくうろん）　類 空中楼閣（くうちゅうろうかく）
14	キ	円転滑脱（えんてんかつだつ）
15	エ	栄枯盛衰（えいこせいすい）　類 栄枯浮沈（えいこふちん）、盛者必衰（じょうしゃひっすい）

読み　部首　熟語の構成　四字熟語　対義語・類義語　同音・同訓異字　誤字訂正　送りがな　書き取り

四字熟語⑤

::::内のひらがなを**漢字**にして（1～10）に入れ、**四字熟語**を
完成せよ。::::内のひらがなは一度だけ使い、**漢字一字**で答えよ。
また、11～15の意味にあてはまるものを**ア～コの四字熟語**から**一つ**
選び、**記号**で答えよ。

☐ 1　ア　一（　1　）千金　　　　　　　［　　　］

☐ 2　イ　延命（　2　）災　　　　　　　［　　　］

☐ 3　ウ　山（　3　）水明　　　　　　　［　　　］

☐ 4　エ　無味（　4　）燥　　　　　　　［　　　］

☐ 5　オ　勢力伯（　5　）　　　　　　　［　　　］

☐ 6　カ　（　6　）忍自重　　　　　　　［　　　］

☐ 7　キ　吉凶（　7　）福　　　　　　　［　　　］

☐ 8　ク　七転八（　8　）　　　　　　　［　　　］

☐ 9　ケ　機（　9　）縦横　　　　　　　［　　　］

☐ 10　コ　（　10　）田引水　　　　　　　［　　　］

いん
か
が
かん
こく
し
そく
ちゅう
とう
りゃく

☐ 11　両者に優劣の差がないこと。　　　　　　　　［　　］
☐ 12　何のおもしろみもないこと。　　　　　　　　［　　］
☐ 13　苦痛でのたうちまわること。　　　　　　　　［　　］
☐ 14　自分に都合よく取り計らうこと。　　　　　　［　　］
☐ 15　時間が貴重であることのたとえ。　　　　　　［　　］

48

	標準解答	解説
1	刻	一刻千金（いっこくせんきん）：時間が貴重であることのたとえ。
2	息	延命息災（えんめいそくさい）：命をのばして災いを取り去ること。
3	紫	山紫水明（さんしすいめい）：自然の景観が清らかで美しいこと。
4	乾	無味乾燥（むみかんそう）：何のおもしろみもないこと。
5	仲	勢力伯仲（せいりょくはくちゅう）：両者に優劣の差がないこと。
6	隠	隠忍自重（いんにんじちょう）：苦しみなどをじっとこらえて、軽々しい行動をとらないこと。
7	禍	吉凶禍福（きっきょうかふく）：幸いとわざわい。
8	倒	七転八倒（しちてんばっとう）：苦痛でのたうちまわること。
9	略	機略縦横（きりゃくじゅうおう）：臨機応変の策を自在にめぐらし用いること。
10	我	我田引水（がでんいんすい）：自分に都合よく取り計らうこと。
11	オ	勢力伯仲（せいりょくはくちゅう）
12	エ	無味乾燥（むみかんそう）
13	ク	七転八倒（しちてんばっとう）
14	コ	我田引水（がでんいんすい） 類 手前勝手（てまえがって）
15	ア	一刻千金（いっこくせんきん）

読み

部首

熟語の構成

四字熟語

対義語・類義語

同音・同訓異字

誤字訂正

送りがな

書き取り

四字熟語⑥

[____]内のひらがなを**漢字**にして（1〜10）に入れ、**四字熟語**を完成せよ。[____]内のひらがなは一度だけ使い、**漢字一字**で答えよ。また、**11〜15**の意味にあてはまるものを**ア〜コの四字熟語**から**一つ**選び、**記号**で答えよ。

□□ 1　ア　疾風（ 1 ）雷　　　　　　　　　[　　　]

□□ 2　イ　清（ 2 ）潔白　　　　　　　　　[　　　]

□□ 3　ウ　温厚（ 3 ）実　　　　　　　　　[　　　]

□□ 4　エ　五里（ 4 ）中　　　　　　　　　[　　　]

□□ 5　オ　（ 5 ）天動地　　　　　　　　　[　　　]

□□ 6　カ　時節（ 6 ）来　　　　　　　　　[　　　]

□□ 7　キ　心頭滅（ 7 ）　　　　　　　　　[　　　]

□□ 8　ク　一（ 8 ）団結　　　　　　　　　[　　　]

□□ 9　ケ　愛別（ 9 ）苦　　　　　　　　　[　　　]

□□ 10　コ　初（ 10 ）貫徹　　　　　　　　[　　　]

きゃく
きょう
し
じん
ち
とう
とく
む
り
れん

□□ 11　無念無想の境地にいたること。　　　　　[　　]
□□ 12　心や行いが正しく、やましさがないこと。　[　　]
□□ 13　見通しが立たないさま。　　　　　　　　[　　]
□□ 14　世間をびっくりさせること。　　　　　　[　　]
□□ 15　動きがすばやく激しいこと。　　　　　　[　　]

50

	標準解答	解 説
1	迅	疾風迅雷：動きがすばやく激しいこと。
2	廉	清廉潔白：心や行いが正しく、やましさがないこと。
3	篤	温厚篤実：穏やかであたたかく誠実なこと。
4	霧	五里霧中：見通しが立たないさま。
5	驚	驚天動地：世間をびっくりさせること。
6	到	時節到来：待ちかねた機会に恵まれること。
7	却	心頭滅却：無念無想の境地にいたること。
8	致	一致団結：多くの人が心を一つにすること。
9	離	愛別離苦：別れのつらさや悲しみのこと。
10	志	初志貫徹：初めに思い立ったこころざしを、最後まで貫き通すこと。
11	キ	心頭滅却
12	イ	清廉潔白 類 青天白日、清浄潔白
13	エ	五里霧中 類 暗中模索
14	オ	驚天動地 類 驚地動天、震天動地、震地動天
15	ア	疾風迅雷 類 迅速果敢、電光石火

読み

部首

熟語の構成

四字熟語

対義語・類義語

同音・同訓異字

誤字訂正

送りがな

書き取り

対義語・類義語①

次の1～5の**対義語**、6～10の**類義語**を[___]内から選び、**漢字**で記せ。[___]内の語は一度だけ使うこと。

☐☐ 1　　閑暇　　　　　　　　　　　　　[　　　　]

☐☐ 2　　疎遠　　　　　　　　　　　　　[　　　　]

☐☐ 3　対義語　湿潤　　　おめい　　　　[　　　　]

　　　　　　　　　　　かんそう

☐☐ 4　　受諾　　　きょひ　　　　　　　[　　　　]

　　　　　　　　　　　きょり

☐☐ 5　　結合　　　こんきょ　　　　　　[　　　　]

　　　　　　　　　　　しんけん

☐☐ 6　　駆逐　　　しんみつ　　　　　　[　　　　]

　　　　　　　　　　　たぼう

☐☐ 7　　間隔　　　ついほう　　　　　　[　　　　]

☐☐ 8　類義語　本気　　ぶんり　　　　　[　　　　]

☐☐ 9　　理由　　　　　　　　　　　　　[　　　　]

☐☐ 10　　醜聞　　　　　　　　　　　　　[　　　　]

標準解答　　解説

1 ［ 多忙 ］
閑暇（かんか）：何もすることがない状態。ひまなこと。
多忙（たぼう）：非常にいそがしいこと。

2 ［ 親密 ］
疎遠（そえん）：とおざかり、したしくないこと。
親密（しんみつ）：したしく仲がよいこと。

3 ［ 乾燥 ］
湿潤（しつじゅん）：湿気のおおいこと。
乾燥（かんそう）：水分がないこと。

4 ［ 拒否 ］
受諾（じゅだく）：引き受けること。
拒否（きょひ）：要求や希望を断ること。

5 ［ 分離 ］
結合（けつごう）：結びつけること。
分離（ぶんり）：わけてはなすこと。

6 ［ 追放 ］
駆逐（くちく）：敵の勢力などをおい払うこと。
追放（ついほう）：おい出すこと。

7 ［ 距離 ］
間隔（かんかく）：二つのものの間の長さや時間。
距離（きょり）：二つのものの間の長さ。

8 ［ 真剣 ］
本気（ほんき）：遊びや冗談ではない、まじめな気持ち。
真剣（しんけん）：本気で物事に取り組むさま。

9 ［ 根拠 ］
理由（りゆう）：ある結果が生じた原因。わけ。
根拠（こんきょ）：物事を成り立たせるよりどころとなるもの。

10 ［ 汚名 ］
醜聞（しゅうぶん）：耳にしたくないような悪い評判やうわさ。
汚名（おめい）：悪い評判。

対義語・類義語②

次の1～5の**対義語**、6～10の**類義語**を 内から選び、**漢字**で記せ。 内の語は一度だけ使うこと。

□□ 1　開放　　　　　　　　　　　[　　　　]

□□ 2　富裕　　　　　　　　　　　[　　　　]

□□ 3　購入　　対義語　えいみん　[　　　　]

　　　　　　　　　　　おせん

□□ 4　浄化　　　　　　きんこう　[　　　　]

　　　　　　　　　　　けっかん

□□ 5　概略　　　　　　しょうさい[　　　　]

　　　　　　　　　　　しんみつ

□□ 6　懇意　　　　　　はんばい　[　　　　]

□□ 7　難点　　　　　　ひんこん　[　　　　]

　　　　　類義語　　　へいさ

□□ 8　栄光　　　　　　めいよ　　[　　　　]

□□ 9　調和　　　　　　　　　　　[　　　　]

□□ 10　逝去　　　　　　　　　　　[　　　　]

標準解答　　　解　説

1 閉鎖
開放：出入りぐちなどをあけはなしたままにすること。
閉鎖：出入りぐちなどをとじること。

2 貧困
富裕：富んで豊かに栄えていること。
貧困：まずしくて生活が苦しいこと。

3 販売
購入：買い入れること。
販売：商品をうること。

4 汚染
浄化：よごれを取り去り、きれいにすること。
汚染：よごれてしまうこと。

5 詳細
概略：物事のあらまし。
詳細：こまかいところまでくわしいこと。

6 親密
懇意：したしくつきあっている間柄であること。
親密：非常に仲がよいこと。

7 欠陥
難点：かけている点。非難すべきところ。
欠陥：必要なものが足りないこと。

8 名誉
栄光：輝かしいほまれ。
名誉：優れていると高い評価を得ること。

9 均衡
調和：具合よくつりあうこと。
均衡：つりあいがとれていること。

10 永眠
逝去：人の死を敬って言う語。
永眠：死ぬこと。

読み　部首　熟語の構成　四字熟語　対義語・類義語　同音・同訓異字　誤字訂正　送りがな　書き取り

対義語・類義語③

次の1〜5の**対義語**、6〜10の**類義語**を[____]内から選び、
漢字で記せ。[____]内の語は一度だけ使うこと。

☐☐ 1		冷静	[ ]
☐☐ 2		醜悪	[ ]
☐☐ 3	対義語	総合	[ ]
☐☐ 4		冒頭	[ ]
☐☐ 5		擁護	[ ]
☐☐ 6		受諾	[ ]
☐☐ 7		根底	[ ]
☐☐ 8	類義語	左遷	[ ]
☐☐ 9		庶民	[ ]
☐☐ 10		快癒	[ ]

きばん
こうかく
しょうち
しんがい
ぜんち
たいしゅう
ねつれつ
びれい
ぶんせき
まつび

1回目	2回目
／10問	／10問

▶▶▶ 1章
▶▶▶ 2章
▶▶▶ 3章

標準解答	解説

1 〔 熱烈 〕
冷静：感情に左右されず、落ち着いているさま。
熱烈：感情が高ぶり勢いが激しいさま。

2 〔 美麗 〕
醜悪：容姿や心がみにくいさま。
美麗：うつくしく、あでやかなさま。

3 〔 分析 〕
総合：個々のものを一つに合わせること。
分析：細かい要素にわけて物事を明らかにすること。

4 〔 末尾 〕
冒頭：物事のはじめ。
末尾：物事のおわり。

5 〔 侵害 〕
擁護：権利などの損失からかばい守ること。
侵害：他人の権利などに損失を与えること。

6 〔 承知 〕
受諾：引き受けること。
承知：依頼などを聞き入れること。

7 〔 基盤 〕
根底：物事が成りたつ土台となるもの。
基盤：物事が成立するもとになるもの。

8 〔 降格 〕
左遷：地位や役職を、それまでよりも低いものにすること。
降格：地位や階級を下げること。

9 〔 大衆 〕
庶民：一般の人々。
大衆：世の中の一般の人たち。

10 〔 全治 〕
快癒：病気やけががすっかりなおること。
全治：病気や傷がすべてなおること。

読み
部首
熟語の構成
四字熟語
対義語・類義語
同音・同訓異字
誤字訂正
送りがな
書き取り

57

対義語・類義語④

次の1～5の**対義語**、6～10の**類義語**を🔲内から選び、**漢字**で記せ。🔲内の語は一度だけ使うこと。

	対義語		選択肢	解答欄
□□ 1		融合		[ ]
□□ 2		喪失		[ ]
□□ 3	対義語	干渉		[ ]
□□ 4		享楽		[ ]
□□ 5		繁忙		[ ]
□□ 6		符合		[ ]
□□ 7		激励		[ ]
□□ 8	類義語	薄情		[ ]
□□ 9		不意		[ ]
□□ 10		厄介		[ ]

かくとく
がっち
かんさん
きんよく
こぶ
とうとつ
ぶんれつ
ほうにん
めんどう
れいたん

1回目	2回目
／10問	／10問

標準解答 | 解 説

読み

部首

熟語の構成

四字熟語

対義語・類義語

同音・同訓異字

誤字訂正

送りがな

書き取り

1 [分裂]
融合：とけあって一つのものになること。
分裂：一つのものがわかれて複数のものになること。

2 [獲得]
喪失：うしなうこと。
獲得：手に入れること。

3 [放任]
干渉：他人のことに立ち入ること。
放任：手出しをせず、したいようにさせること。

4 [禁欲]
享楽：思いのままに快楽を味わうこと。
禁欲：ほしがる気持ちを抑えること。

5 [閑散]
繁忙：用事が多く、忙しいさま。
閑散：することがなく、暇なこと。

6 [合致]
符合：話の内容などがぴったりとあわさること。
合致：ぴったりとあうこと。

7 [鼓舞]
激励：元気が出るようはげますこと。
鼓舞：はげまし、元気づけること。

8 [冷淡]
薄情：思いやりの気持ちが乏しいこと。
冷淡：人間らしい思いやりのないこと。

9 [唐突]
不意：思いがけないこと。予期しないこと。
唐突：だしぬけであるさま。

10 [面倒]
厄介：手間がかかり、わずらわしいこと。
面倒：解決するのが大変で、わずらわしいこと。

対義語・類義語⑤

次の1~5の**対義語**、6~10の**類義語**を _____ 内から選び、**漢字**で記せ。 _____ 内の語は一度だけ使うこと。

		選択肢	
□□ 1	自生		[ ]
□□ 2	緩慢		[ ]
□□ 3	軽侮	さいばい	[ ]
□□ 4	醜聞	しゅわん	[ ]
□□ 5	設置	しょうがい	[ ]
		すうはい	
		ぜにん	
□□ 6	肯定	ついおく	[ ]
□□ 7	回顧	てっきょ	[ ]
□□ 8	技量	びだん	[ ]
□□ 9	一般	びんそく	[ ]
□□ 10	終生	ふへん	[ ]

対義語 … 1~5
類義語 … 6~10

標準解答	解　説

1 ［ 栽培 ］
自生：植物が自然に生え育つこと。
栽培：人の手で植物を植えて育てること。

2 ［ 敏速 ］
緩慢：動作などがおそいさま。
敏速：動作が素早いさま。

3 ［ 崇拝 ］
軽侮：軽んじ、あなどること。
崇拝：心から敬うこと。

4 ［ 美談 ］
醜聞：耳にしたくないような悪い評判。
美談：聞いた人が感心するような立派な行いの話。

5 ［ 撤去 ］
設置：施設・機材・機関などを作りしつらえること。
撤去：施設・機材などを取り払うこと。

6 ［ 是認 ］
肯定：物事をそうであるとみとめること。
是認：その通りであるとみとめること。

7 ［ 追憶 ］
回顧：過ぎさったことを思い返すこと。
追憶：昔を思い出してなつかしむこと。

8 ［ 手腕 ］
技量：物事を行う能力。
手腕：物事をうまくやりとげる能力。

9 ［ 普遍 ］
一般：多くの場合にあてはまること。
普遍：広く全体にあてはまること。

10 ［ 生涯 ］
終生：命を終えるまでの間。
生涯：うまれてから死ぬまで。

読み　部首　熟語の構成　四字熟語　**対義語・類義語**　同音・同訓異字　誤字訂正　送りがな　書き取り

対義語・類義語⑥

次の 1 ～ 5 の**対義語**、6 ～ 10 の**類義語**を[____]内から選び、
漢字で記せ。[____]内の語は一度だけ使うこと。

□□ 1		進撃	[ ]
□□ 2		希薄	[ ]
□□ 3	対義語	解放	[ ]
□□ 4		謙虚	[ ]
□□ 5		絶賛	[ ]
□□ 6		懲戒	[ ]
□□ 7		削除	[ ]
□□ 8	類義語	留意	[ ]
□□ 9		窮地	[ ]
□□ 10		永遠	[ ]

きき
こくひょう
しょばつ
そくばく
そんだい
たいきゃく
のうこう
はいりょ
まっしょう
ゆうきゅう

62

標準解答 | 解 説

1 [退却]
進撃：軍隊で、敵陣に向かって進み、攻撃すること。
退却：戦いで劣勢になり後ろへ下がること。

2 [濃厚]
希薄：液体や気体の密度などが低いこと。
濃厚：色・味・成分の密度が高いこと。

3 [束縛]
解放：制限を解いて自由にすること。
束縛：自由を制限すること。

4 [尊大]
謙虚：自分を誇らないで、へりくだること。
尊大：いばって偉そうな態度をとること。

5 [酷評]
絶賛：この上なくほめたたえること。
酷評：手厳しく批判すること。

6 [処罰]
懲戒：不正不当な行為に対し、制裁を加えること。
処罰：ばつを与えること。

7 [抹消]
削除：文章などの一部を取り去ること。
抹消：記載事項をけすこと。

8 [配慮]
留意：心にとどめること。気をつけること。
配慮：心くばり。

9 [危機]
窮地：追いつめられた苦しい立場や状況。
危機：あぶない場面や状況。

10 [悠久]
永遠：いつまでもながく果てしないこと。
悠久：果てしなくながく続くこと。

読み

部首

熟語の構成

四字熟語

対義語・類義語

同音・同訓異字

誤字訂正

送りがな

書き取り

63

対義語・類義語⑦

次の1～5の**対義語**、6～10の**類義語**を[＿＿＿]内から選び、**漢字**で記せ。[＿＿＿]内の語は一度だけ使うこと。

□□ 1		煩雑	[　　　]
□□ 2		秘匿	[　　　]
□□ 3	対義語	傑物	[　　　]
□□ 4		純白	[　　　]
□□ 5		剛健	[　　　]
□□ 6		辛抱	[　　　]
□□ 7		撲滅	[　　　]
□□ 8	類義語	強情	[　　　]
□□ 9		輸送	[　　　]
□□ 10		無礼	[　　　]

うんぱん
がんこ
かんりゃく
こんぜつ
しっけい
しっこく
にゅうじゃく
にんたい
ばくろ
ぼんじん

標準解答　　　　　　　　　解 説

1 [簡略]
煩雑：物事がこみ入っていて、わずらわしいさま。
簡略：手軽でかんたんなさま。

2 [暴露]
秘匿：第三者には、ひそかに隠しておくこと。
暴露：秘密や悪事を明るみに出すこと。

3 [凡人]
傑物：飛び抜けてすぐれたひと。
凡人：普通のひと。

4 [漆黒]
純白：真っ白。
漆黒：つやのあるくろ色。

5 [柔弱]
剛健：心身ともにつよくてたくましいこと。
柔弱：気力や体力がよわよわしいこと。

6 [忍耐]
辛抱：つらく厳しいことに、じっとたえしのぶこと。
忍耐：苦難などをこらえること。

7 [根絶]
撲滅：完全に滅ぼしてしまうこと。打ち滅ぼすこと。
根絶：もとから完全になくすこと。ねだやし。

8 [頑固]
強情：意地を張り、自分の考えを無理に押し通すこと。
頑固：かたくなに考えや態度を変えないこと。

9 [運搬]
輸送：車、船、飛行機などで物資をはこぶこと。
運搬：ひとや品物をはこぶこと。

10 [失敬]
無礼：礼儀作法をわきまえないこと。
失敬：礼儀や作法から外れて振る舞うこと。

65

同音・同訓異字①

次の――線の**カタカナ**を**漢字**に直せ。

□□ 1 この辺りは**キュウ**陵地帯だ。 [　　　　]

□□ 2 橋が老**キュウ**化する。 [　　　　]

□□ 3 派**バツ**争いに巻き込まれる。 [　　　　]

□□ 4 奇**バツ**な発想が世間を驚かす。 [　　　　]

□□ 5 外交官を自国に**ショウ**還する。 [　　　　]

□□ 6 鏡の前で化**ショウ**をする。 [　　　　]

□□ 7 解**ボウ**して死因を調べる。 [　　　　]

□□ 8 裁判の**ボウ**聴席に座る。 [　　　　]

□□ 9 クマが登山客を**オソ**った。 [　　　　]

□□ 10 毎日**オソ**くまで起きている。 [　　　　]

（標準解答）　　　　（解 説）

1 [丘] 丘陵：小さな山。

2 [朽] 老朽化：古くなって役に立たなくなること。

3 [閥] 派閥：利害などで結びついた排他的な小集団。

4 [抜] 奇抜：とびぬけて変わっているさま。

5 [召] 召還：派遣した人を呼びもどすこと。

6 [粧] 化粧：くちべになどで顔を美しく飾ること。

7 [剖] 解剖：生物の体を切り開いて内部を調べること。

8 [傍] 傍聴：公判などを、当事者でない人がかたわらで聞くこと。

9 [襲] 襲う：急に攻めたり危害を加えたりする。

10 [遅] 遅い：夜がふけている。

読み / 部首 / 熟語の構成 / 四字熟語 / 対義語・類義語 / 同音・同訓異字 / 誤字訂正 / 送りがな / 書き取り

同音・同訓異字②

次の――線のカタカナを漢字に直せ。

□□ 1 危険を感じて警ショウを鳴らす。 [　　　]

□□ 2 不正の温ショウとなっている。 [　　　]

□□ 3 山頂からのチョウ望は絶景の一言だ。[　　　]

□□ 4 違反者にはチョウ罰を加える。 [　　　]

□□ 5 賃タイ住宅で暮らしている。 [　　　]

□□ 6 現地に一週間タイ在する予定だ。 [　　　]

□□ 7 航空機のビ翼を点検する。 [　　　]

□□ 8 花粉症の点ビ薬を常備する。 [　　　]

□□ 9 将来は兄が家業をツぐ。 [　　　]

□□ 10 かがんで野草をツんだ。 [　　　]

標準解答	解　説	

1 [鐘] 警鐘：注意をうながすもの。

2 [床] 温床：悪い物事や風潮が発生しやすい環境。

3 [眺] 眺望：見晴らし。

4 [懲] 懲罰：こらしめるために与えられるばつ。

5 [貸] 賃貸：使用料金を受け取って、所有物を他人にかすこと。

6 [滞] 滞在：ある期間、よその地にとどまること。

7 [尾] 尾翼：後ろのつばさ。

8 [鼻] 点鼻薬：はなの内部に用いるくすり。

9 [継] 継ぐ：あとを引き受けて続ける。

10 [摘] 摘む：指先などでつまみ取る。

読み

部首

熟語の構成

四字熟語

対義語・類義語

同音・同訓異字

誤字訂正

送りがな

書き取り

同音・同訓異字③

次の――線の**カタカナ**を**漢字**に直せ。

1 デパートの**シン**士服売り場で働く。 [　　　]

2 謹**シン**処分を受ける。 [　　　]

3 景気が**チン**滞している。 [　　　]

4 古い茶器を**チン**重している。 [　　　]

5 戦地で**ソウ**烈な最期を遂げる。 [　　　]

6 この辺りは物**ソウ**なので用心しよう。 [　　　]

7 **ボウ**大な情報を処理する。 [　　　]

8 繁**ボウ**期は人手が足りない。 [　　　]

9 稲の**ホ**が金色に輝く。 [　　　]

10 **ホ**に風を受けて船が進む。 [　　　]

標準解答　　　　　解 説

1 〔 紳 〕 　紳士：成人男性の敬称。上品で教養のある男性。

2 〔 慎 〕 　謹慎：罰として出勤や登校を差し止めること。

3 〔 沈 〕 　沈滞：活気がないさま。

4 〔 珍 〕 　珍重：めずらしいものとして大切にすること。

5 〔 壮 〕 　壮烈：勇ましくて激しいさま。

6 〔 騒 〕 　物騒：危険なことが起きそうな感じがするさま。

7 〔 膨 〕 　膨大：きわめて数量の多い様子。

8 〔 忙 〕 　繁忙：用事が多くていそがしいこと。

9 〔 穂 〕 　穂：植物の実が群がりついたもの。

10 〔 帆 〕 　帆：船を進めるための布製の船具。

読み　部首　熟語の構成　四字熟語　対義語・類義語　同音・同訓異字　誤字訂正　送りがな　書き取り

71

同音・同訓異字④

次の──線の**カタカナ**を**漢字**に直せ。

1 <u>ソッ</u>溝の水があふれた。 [   ]

2 <u>ソッ</u>興で詩を作る。 [   ]

3 彼は該<u>ハク</u>な知識を持っている。 [   ]

4 <u>ハク</u>真の演技に圧倒される。 [   ]

5 物価の急<u>トウ</u>が心配される。 [   ]

6 文学賞は作家の<u>トウ</u>竜門だ。 [   ]

7 <u>ブ</u>辱的な発言をされる。 [   ]

8 給与は<u>ブ</u>合制で支払われる。 [   ]

9 <u>コ</u>えた土地に種をまく。 [   ]

10 目を<u>コ</u>らして地図を見る。 [   ]

標準解答　　　解説

1 [側] 側溝：排水のために道路わきに設けるみぞ。

2 [即] 即興：その場の気持ちで、曲などを作ること。

3 [博] 該博：学問や知識が非常に広いさま。

4 [迫] 迫真：表現されたものが現実のもののように見えること。

5 [騰] 急騰：物価や相場がにわかに上がること。

6 [登] 登竜門：立身出世における難関。

7 [侮] 侮辱：相手を見下し名誉を傷つけること。

8 [歩] 歩合：取引や生産の数量に相当する報酬などのこと。

9 [肥] 肥える：土質が豊かになる。

10 [凝] 凝らす：一つの物事に集中する。

読み　部首　熟語の構成　四字熟語　対義語・類義語　同音・同訓異字　誤字訂正　送りがな　書き取り

73

誤字訂正①

次の各文にまちがって使われている**同じ読みの漢字**が**一字**ある。
誤字と、**正しい漢字**を答えよ。

誤　　正

□□ 1　休耕田で田植えから収穫までを体験
　　　するという企画に応募した。　　　　〔　〕→〔　〕

□□ 2　福仕分野への関心をもつ若年層を対
　　　象とした施設見学会を計画する。　　〔　〕→〔　〕

□□ 3　自動車運転免挙証を返納する高齢者
　　　の割合は徐々に高くなっている。　　〔　〕→〔　〕

□□ 4　墳墓の発屈調査によって、副葬品で
　　　ある剣や鏡などが新たに見つかった。〔　〕→〔　〕

□□ 5　貴重な文化財である伝統家屋は修復
　　　工事のために一班公開が中止された。〔　〕→〔　〕

□□ 6　政府は経済政索の一つとして、医療
　　　従事者の賃上げを行う方針だ。　　　〔　〕→〔　〕

□□ 7　深海に生息する甲角類は、特殊な進
　　　化を遂げた。　　　　　　　　　　　〔　〕→〔　〕

□□ 8　長年、還境保護を訴えてきた著名な
　　　学者の講演を市民会館で開催する。　〔　〕→〔　〕

□□ 9　地場産業の振向に多大な功績が認め
　　　られ、表彰される。　　　　　　　　〔　〕→〔　〕

□□ 10　隣町の古書店で、絶版となった音楽
　　　雑誌を講入する。　　　　　　　　　〔　〕→〔　〕

標準解答　　　　　　　解　説

　　誤　　正

1 〔獲〕→〔穫〕　収穫：農作物をとりいれること。

2 〔仕〕→〔祉〕　福祉：国民に等しくもたらされるべき幸福。

3 〔挙〕→〔許〕　免許：あるゆるしを官公庁が出すこと。

4 〔屈〕→〔掘〕　発掘：地中にあるものをほり出すこと。

5 〔班〕→〔般〕　一般：世間。

6 〔索〕→〔策〕　政策：政党などの政治的な方針。

7 〔角〕→〔殻〕　甲殻類：体が硬いからで覆われた節足動物。

8 〔還〕→〔環〕　環境：周囲を取り巻く状態や世界。

9 〔向〕→〔興〕　振興：物事を盛んにすること。

10 〔講〕→〔購〕　購入：買うこと。

読み

部首

熟語の構成

四字熟語

対義語・類義語

同音・同訓異字

誤字訂正

送りがな

書き取り

誤字訂正②

次の各文にまちがって使われている**同じ読み**の漢字が**一字**ある。
誤字と、**正しい漢字**を答えよ。

誤　　正

□□ 1　革新的で意欲的な研究だが、学会では告評された。　〔　〕→〔　〕

□□ 2　内乱のため国外奪出を余儀なくされた人々を乗せた難民船が発見された。　〔　〕→〔　〕

□□ 3　原因不明の病気の一担が解明され、治療薬の開発への貢献が期待される。　〔　〕→〔　〕

□□ 4　道路が重滞していたので、到着したのは搭乗開始時刻の寸前だった。　〔　〕→〔　〕

□□ 5　昨晩から、発熱や関節痛といったインフルエンザの障状がある。　〔　〕→〔　〕

□□ 6　最新の技術を採用した剛華な寝台列車が登場し、人気を博している。　〔　〕→〔　〕

□□ 7　有名作家が診査員となり応募された小説の中から優秀作品を選ぶ。　〔　〕→〔　〕

□□ 8　美しい旋律と繊細な音色が琴線に振れたのか、彼は大粒の涙をこぼした。　〔　〕→〔　〕

□□ 9　無罪を訴えた被告人の弁護側は、証拠品を再度観定するよう要求した。　〔　〕→〔　〕

□□ 10　日本各地で折盗を繰り返していた犯人を、裁判官は厳罰に処した。　〔　〕→〔　〕

標準解答

解　説

誤　正

読み

部首

熟語の構成

四字熟語

対義語・類義語

同音・同訓異字

誤字訂正

送りがな

書き取り

1　[告]→[酷]　酷評(こくひょう)：手厳しい批評。

2　[奪]→[脱]　脱出(だっしゅつ)：逃げでること。

3　[担]→[端]　一端(いったん)：一部分。

4　[重]→[渋]　渋滞(じゅうたい)：とどこおって流れないこと。

5　[障]→[症]　症状(しょうじょう)：病気やけがの様子。

6　[剛]→[豪]　豪華(ごうか)：非常にぜいたくで派手なこと。

7　[診]→[審]　審査(しんさ)：調べて適否などを決めること。

8　[振]→[触]　触れる(ふれる)：さわる。
　　✐ 「琴線(きんせん)に触(ふ)れる」は「感動を与える」という意味。

9　[観]→[鑑]　鑑定(かんてい)：物の真偽や良否を判断・評価すること。

10　[折]→[窃]　窃盗(せっとう)：金品をぬすみとること。

誤字訂正③

次の各文にまちがって使われている**同じ読みの漢字**が**一字**ある。
誤字と、**正しい漢字**を答えよ。

誤　　正

☐☐ 1　机上の空論だけでなく、理論と実栓のバランスを取ることが重要だ。　　〔　〕→〔　〕

☐☐ 2　地元の企業が開発した丈夫で安価な化学繊衣が普及した。　　〔　〕→〔　〕

☐☐ 3　容疑者の行動には疑いが残るが、物的詳拠がなく不起訴となる。　　〔　〕→〔　〕

☐☐ 4　一人も成功したことのない華麗な技が披露され、観客は響嘆の声を上げた。　　〔　〕→〔　〕

☐☐ 5　夏の高校野球の大会で母校が全国勢覇を達成した。　　〔　〕→〔　〕

☐☐ 6　動物愛護団体は、犬や猫を保護して新しい飼い主に譲途する活動を行う。　　〔　〕→〔　〕

☐☐ 7　日本国憲法第九条では、戦争の放軌と戦力の不保持がうたわれている。　　〔　〕→〔　〕

☐☐ 8　砂爆化が進む土地を緑化する事業に私財を投じ、生涯をかけて取り組んだ。　　〔　〕→〔　〕

☐☐ 9　独特の奮囲気を放つ映像作品が先週末に公開された。　　〔　〕→〔　〕

☐☐ 10　海外からの偽造貨弊流入を防止するため、厳重な警戒態勢が敷かれる。　　〔　〕→〔　〕

標準解答
誤　正

解　説

読み

部首

熟語の構成

四字熟語

対義語・類義語

同音・同訓異字

誤字訂正

送りがな

書き取り

1 〔栓〕→〔践〕 実践：じっさいにおこなうこと。

2 〔衣〕→〔維〕 繊維：細い糸状のもの。

3 〔詳〕→〔証〕 証拠：真実を明らかにする、よりどころとなるもの。

4 〔響〕→〔驚〕 驚嘆：おどろき感心すること。

5 〔勢〕→〔制〕 制覇：試合などで優勝すること。

6 〔途〕→〔渡〕 譲渡：ゆずりわたすこと。

7 〔軌〕→〔棄〕 放棄：投げ出すこと。

8 〔爆〕→〔漠〕 砂漠：砂や岩からなる広大な地域。

9 〔奮〕→〔雰〕 雰囲気：その場や人が醸し出す感じ。

10 〔弊〕→〔幣〕 貨幣：お金。

誤字訂正④

次の各文にまちがって使われている**同じ読みの漢字**が**一字**ある。
誤字と、**正しい漢字**を答えよ。

誤　　正

□□ 1 核兵器僕滅を訴える集会が開かれ、多くの民衆が集まった。 　〔　〕→〔　〕

□□ 2 老朽化した庁舎の劣化診断で、消火栓や配線箇所の負食が判明した。 　〔　〕→〔　〕

□□ 3 大規模な奮火が予想される火山の周辺住民に対して避難勧告が出された。 　〔　〕→〔　〕

□□ 4 一般から公募した川柳の中には、人生の悲愛が漂う句が多く見受けられた。 　〔　〕→〔　〕

□□ 5 人気俳優が主演した舞台は華礼な衣装と独特な演出が話題となった。 　〔　〕→〔　〕

□□ 6 研究室でさまざまな微生物を陪養して、病気の治療に役立てる。 　〔　〕→〔　〕

□□ 7 貨物を満載した巨大な船舶が台風のため天覆する事故が発生した。 　〔　〕→〔　〕

□□ 8 知事選は再選を目指す現職に新人が挑む一気討ちの構図となった。 　〔　〕→〔　〕

□□ 9 長時間の作業は事故の危険があるので、適宜休継を取るべきだ。 　〔　〕→〔　〕

□□ 10 薄暮が迫り家々の灯火がともり始めた村里は、弦想的な雰囲気に包まれた。 　〔　〕→〔　〕

標準解答　　　　　　解　説
誤　　正

1 [僕]→[撲]　撲滅（ぼくめつ）：完全になくすこと。

2 [負]→[腐]　腐食（ふしょく）：金属などがさびたり、くさったりすること。

3 [奮]→[噴]　噴火（ふんか）：山が爆発して、灰などをふき出すこと。

4 [愛]→[哀]　悲哀（ひあい）：かなしくてあわれであること。

5 [礼]→[麗]　華麗（かれい）：きらびやかで美しいさま。

6 [陪]→[培]　培養（ばいよう）：微生物や細胞を繁殖させること。

7 [天]→[転]　転覆（てんぷく）：ひっくり返ること。

8 [気]→[騎]　一騎討ち（いっきうち）：一対一の戦い。

9 [継]→[憩]　休憩（きゅうけい）：それまでしていたことをやめて、休むこと。

10 [弦]→[幻]　幻想的（げんそうてき）：まぼろしを見ているようなさま。

読み

部首

熟語の構成

四字熟語

対義語・類義語

同音・同訓異字

誤字訂正

送りがな

書き取り

81

誤字訂正⑤

次の各文にまちがって使われている**同じ読みの漢字**が**一字**ある。
誤字と、**正しい漢字**を答えよ。

誤　　正

☐ ☐ 1 名簿の中から無作為に注出した人物
を対象に調査を開始する予定だ。　　　〔　〕→〔　〕

☐ ☐ 2 前衛芸術の大家の回顧展が開宰され
本邦初出展の彫刻などが並んだ。　　　〔　〕→〔　〕

☐ ☐ 3 企業は人員を策減するため、社員に
優遇条件を提示し退職者を募った。　　〔　〕→〔　〕

☐ ☐ 4 市は法令の基準に適合しない公共支
設を全て撤去する方針を固めた。　　　〔　〕→〔　〕

☐ ☐ 5 市街地を失走する自転車レースが行
われ、観衆が沿道から応援した。　　　〔　〕→〔　〕

☐ ☐ 6 長年別居していた妻に対して夫が離
婚を求めて訴勝を起こす。　　　　　　〔　〕→〔　〕

☐ ☐ 7 工場では発酵菌を利用して酒や酢な
どを醸蔵する。　　　　　　　　　　　〔　〕→〔　〕

☐ ☐ 8 地場産業が遂退して過疎化に苦しむ
寒村が、企業の誘致に乗り出した。　　〔　〕→〔　〕

☐ ☐ 9 輸入制限は、反発する国が報復措致を
とり、国際紛争に発展することがある。〔　〕→〔　〕

☐ ☐ 10 環境に影響の少ない重曹や酢で台所
や浴槽を掃事する人が増えている。　　〔　〕→〔　〕

標準解答

解説

誤　正

1 [注]→[抽]　抽出：多くのなかから抜きだすこと。

2 [宰]→[催]　開催：もよおし物や集会などをひらくこと。

3 [策]→[削]　削減：けずってへらすこと。

4 [支]→[施]　施設：ある目的のためにつくられた、建物などの設備。

5 [失]→[疾]　疾走：非常に速くはしること。

6 [勝]→[訟]　訴訟：裁判を申し出ること。

7 [蔵]→[造]　醸造：発酵の作用で酒やみそなどをつくること。

8 [遂]→[衰]　衰退：おとろえて勢いが弱まること。

9 [致]→[置]　措置：解決のため必要な手続きをとること。

10 [事]→[除]　掃除：ごみや汚れを取ってきれいにすること。

誤字訂正⑥

次の各文にまちがって使われている**同じ読み**の漢字が**一字**ある。
誤字と、**正しい漢字**を答えよ。

誤　　正

☐ ☐ **1** 病原体を運ぶ蚊の繁殖が即進される
など、温暖化の影響は多岐に渡る。　　　〔 〕→〔 〕

☐ ☐ **2** 多額の役員報酬を虚偽申告した嫌疑
で企業の経営者が待捕された。　　　　　〔 〕→〔 〕

☐ ☐ **3** 厚生労働省は多様な分野で卓悦した
技能を持つ現代の名工を表彰する。　　　〔 〕→〔 〕

☐ ☐ **4** 男女故用機会均等法の改正を受け、
表面上の差別は減少したかに見える。　　〔 〕→〔 〕

☐ ☐ **5** 違法注車は緊急車両などの通行を邪
魔する迷惑な行為だ。　　　　　　　　　〔 〕→〔 〕

☐ ☐ **6** 山奥で伐栽した木材を搬出し、工場
で製品に加工する。　　　　　　　　　　〔 〕→〔 〕

☐ ☐ **7** 昆虫が培介する病気の予防に役立て
るための防虫塗料を開発する。　　　　　〔 〕→〔 〕

☐ ☐ **8** 異常気象に加え奮争による食糧危機
で飢餓人口が増加する傾向にある。　　　〔 〕→〔 〕

☐ ☐ **9** 日本国内で医療費不払いの履歴があ
る外国人は再入国許否の対象となる。　　〔 〕→〔 〕

☐ ☐ **10** 熱帯低気圧の影響で大雨になり山の
斜面が放落して甚大な被害が出た。　　　〔 〕→〔 〕

標準解答　　　　　　解　説

誤　正

1 [即]→[促]　促進：物事を順調にうながし進めること。

2 [待]→[逮]　逮捕：容疑者や犯人の身柄を確保すること。

3 [悦]→[越]　卓越：ほかより抜きんでて優れていること。

4 [故]→[雇]　雇用：ある仕事のため賃金を払い、人を使うこと。

5 [注]→[駐]　駐車：車などをとめておくこと。

6 [栽]→[採]　伐採：樹木を切り倒して運び出すこと。

7 [培]→[媒]　媒介：仲立ちすること。

8 [奮]→[紛]　紛争：もめてあらそうこと。

9 [許]→[拒]　拒否：要求や希望を断ること。

10 [放]→[崩]　崩落：くずれおちること。

読み

部首

熟語の構成

四字熟語

対義語・類義語

同音・同訓異字

誤字訂正

送りがな

書き取り

送りがな①

次の——線の**カタカナ**を**漢字一字**と**送りがな（ひらがな）**に直せ。
〈例〉問題に**コタエル**。〔 答える 〕

☐☐ 1 **イドム**ようなまなざしを向けた。 〔　　　　　〕

☐☐ 2 冬になると肌が**アレル**。 〔　　　　　〕

☐☐ 3 洋書が**アツカワ**れている店を探す。 〔　　　　　〕

☐☐ 4 表示価格に税金を**フクメル**。 〔　　　　　〕

☐☐ 5 遠くまで**ヒビク**ように演奏する。 〔　　　　　〕

☐☐ 6 ビルの屋上から町を**ナガメル**。 〔　　　　　〕

☐☐ 7 豆の**ニエル**いいにおいがする。 〔　　　　　〕

☐☐ 8 **タガイニ**顔を見あわせる。 〔　　　　　〕

☐☐ 9 **スズシイ**風が吹いてきた。 〔　　　　　〕

☐☐ 10 **ホコラシイ**思いに満たされる。 〔　　　　　〕

1回目	2回目
/10問	/10問

（標準解答）　　　　（解　説）

1 [挑む] 挑む：あるものに立ち向かう。

2 [荒れる] 荒れる：肌のうるおいがなくなる。
他の例 荒い、荒らす

3 [扱わ] 扱う：仕事としてとりさばく。
ある✕ 扱かわ

4 [含める] 含める：あるものの中に入れていっしょにあつかう。
他の例 含む

5 [響く] 響く：音が広がってつたわる。

6 [眺める] 眺める：見わたす。

7 [煮える] 煮える：熱が伝わって食べられるようになる。
他の例 煮る、煮やす

8 [互いに] 互いに：双方が同じようなことをしあうさま。
ある✕ 互い…――線部分がどこまでかをよく確認しよう。

9 [涼しい] 涼しい：適度に冷ややかで心地よいさま。
他の例 涼む

10 [誇らしい] 誇らしい：得意で自慢したい気持ちになる様子。

送りがな②

次の――線の**カタカナ**を**漢字一字**と**送りがな（ひらがな）**に直せ。
〈例〉問題に**コタエル**。〔 答える 〕

□□ 1 今年の運勢を**ウラナウ**。 〔　　　　　〕

□□ 2 赤字に**ナヤマサ**れている。 〔　　　　　〕

□□ 3 革靴を丁寧に**ミガク**。 〔　　　　　〕

□□ 4 研究に全力を**カタムケ**た。 〔　　　　　〕

□□ 5 外国暮らしで日本食に**ウエル**。 〔　　　　　〕

□□ 6 傷に**サワラ**ないようにする。 〔　　　　　〕

□□ 7 それは世を**シノブ**仮の姿だ。 〔　　　　　〕

□□ 8 雨は**サラニ**強まった。 〔　　　　　〕

□□ 9 **イソガシイ**毎日を送る。 〔　　　　　〕

□□ 10 だれもいない公園は**サビシイ**。 〔　　　　　〕

標準解答	解　説	
1 〔 占う 〕	占う：運勢や吉凶を予想する。 他の例 占める ある✕ 占なう	読み
2 〔 悩まさ 〕	悩ます：苦しめる。 他の例 悩む	部首
3 〔 磨く 〕	磨く：こすってつやを出す。	熟語の構成
4 〔 傾け 〕	傾ける：力や気持ちをそちらの方に向ける。 他の例 傾く ある✕ 傾むけ	四字熟語
5 〔 飢える 〕	飢える：食物が少なく苦しむ。	対義語・類義語
6 〔 触ら 〕	触る：ふれる。 他の例 触れる ある✕ 触わら	同音・同訓異字
7 〔 忍ぶ 〕	忍ぶ：隠れる。 他の例 忍ばせる	誤字訂正
8 〔 更に 〕	更に：いっそう。 他の例 更ける、更かす	送りがな
9 〔 忙しい 〕	忙しい：することが多くて暇がないさま。 ある✕ 忙がしい	書き取り
10 〔 寂しい 〕	寂しい：ひっそりしているさま。 他の例 寂れる　など	

送りがな③

次の――線の**カタカナ**を漢字一字と送りがな（**ひらがな**）に直せ。
〈例〉問題に**コタエル**。〔 答える 〕

□□ 1 塩分は**ヒカエル**よう心がける。 〔　　　　　〕

□□ 2 かばんの中に荷物を**ツメル**。 〔　　　　　〕

□□ 3 胎内に新しい生命が**ヤドッ**た。 〔　　　　　〕

□□ 4 子どもが注射を**イヤガッ**た。 〔　　　　　〕

□□ 5 少年の顔が期待で**カガヤイ**た。 〔　　　　　〕

□□ 6 研究対象の範囲を**セバメル**。 〔　　　　　〕

□□ 7 銀行が貸し出しを**シブル**。 〔　　　　　〕

□□ 8 今夜は**オソラク**雪になるだろう。 〔　　　　　〕

□□ 9 **ネムタク**てあくびが止まらない。 〔　　　　　〕

□□ 10 隣の部屋が**サワガシカッ**た。 〔　　　　　〕

標準解答　　　　解　説

1 控える
控える：少なめにする。

2 詰める
詰める：すき間なく満たす。
他の例 詰まる、詰む

3 宿っ
宿る：内部にとどまる。
他の例 宿す　など

4 嫌がっ
嫌がる：いやだという気持ちを態度に表す。
他の例 嫌う

5 輝い
輝く：生き生きとする。
よくある✕ 輝やい

6 狭める
狭める：間隔をつめる。
他の例 狭い、狭まる

7 渋る
渋る：気が進まずにためらう。
他の例 渋い　など

8 恐らく
恐らく：きっと。
他の例 恐ろしい

9 眠たく
眠たい：ねむけをもよおしているさま。
他の例 眠る

10 騒がしかっ
騒がしい：うるさい。
よくある✕ 騒しかっ

読み
部首
熟語の構成
四字熟語
対義語・類義語
同音・同訓異字
誤字訂正
送りがな
書き取り

91

書き取り①

次の——線の**カタカナ**を**漢字**に直せ。

□□ 1 <u>カン</u>を分別して捨てる。　　　　　[　　　]

□□ 2 <u>コンブ</u>でだしを取る。　　　　　　[　　　]

□□ 3 受験のために学習<u>ジュク</u>に通う。　[　　　]

□□ 4 首脳会談の<u>コウショウ</u>が決裂した。[　　　]

□□ 5 <u>センタク</u>物を丁寧に畳む。　　　　[　　　]

□□ 6 <u>ニンシン</u>中の注意事項を聞く。　　[　　　]

□□ 7 うるさくて耳に<u>セン</u>をしたくなる。[　　　]

□□ 8 静かな入り<u>エ</u>を散策した。　　　　[　　　]

□□ 9 あいにく<u>ツ</u>り銭の用意がない。　　[　　　]

□□ 10 <u>カイヅカ</u>から大量の土器が出た。　[　　　]

1回目	2回目
／10問	／10問

▶▶▶ 1章
▶▶▶ 2章
▶▶▶ 3章

標準解答 ｜ 解 説

1 [缶]

缶：金属製の容器。
�085×　点画に注意。4画目が2画目より上に
つきぬけている誤答が多い。4画目はつきぬけないこと。

× 缶　○ 缶

読み

2 [昆布]

昆布：海藻の一種。

部首

3 [塾]

塾：学校以外で勉学を教える私設の学舎。
�085×　熟…熟は「うれる。にえる。」などの意味
の別の漢字。

熟語の構成

4 [交渉]

交渉：ある問題を相手と話し合うこと。
✎「交渉」の渉は、「かかわる。あずかる。」
という意味を表す。

四字熟語

5 [洗濯]

洗濯：あらってよごれを取り除くこと。
✎ 濯は「あらう。すすぐ。きよめる。」という
意味を持つ。部首は氵（さんずい）。

対義語・類義語

6 [妊娠]

妊娠：子を宿すこと。

同音・同訓異字

7 [栓]

栓：ふたをするもの。

誤字訂正

8 [江]

入り江：湖や海が陸地に入り込んだ場所。

送りがな

9 [釣]

釣り銭：おつり。
�085×　点画に注意。「勹」の内側の点が2つに
なっている誤答が多い。点は1つであることを確認しよう。

× 釣　○ 釣

10 [貝塚]

貝塚：古代人が捨てた物が積もってできた遺跡。
�085×　塚に注意。4〜5画目が抜けている
誤答が目立つ。

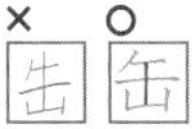

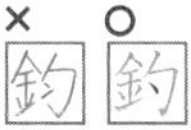

○ 塚

書き取り

書き取り②

次の——線の**カタカナ**を**漢字**に直せ。

□□ 1 このバスは市内を**ジュンカン**する。 [   ]

□□ 2 **サンガク**救助隊が活躍する。 [   ]

□□ 3 **ハクア**の殿堂と呼ぶにふさわしい洋館が建つ。 [   ]

□□ 4 **カクシン**をつく鋭い質問をする。 [   ]

□□ 5 ゴリラが胸をたたいて**イカク**している。 [   ]

□□ 6 **キガ**問題の解決に全力を尽くす。 [   ]

□□ 7 **モギ**試験で実力を確認する。 [   ]

□□ 8 **ネコゼ**にならないように姿勢を正す。 [   ]

□□ 9 計画は白紙に**モド**された。 [   ]

□□ 10 **スギ**の苗木を植林する。 [   ]

標準解答　　　　　　解　説

1 ［ 循環 ］
循環：ひとめぐりすること。
ある× 循還…還は「かえる。ひきかえす。」など
の意味の別の漢字。

2 ［ 山岳 ］
山岳：連なっているけわしい山々。
ある× 岳に注意。「丘」と「山」を重ねて高大な
山を表している字と覚えよう。

3 ［ 白亜 ］
白亜：しろい壁。

4 ［ 核心 ］
核心：物事の中心となる重要な部分。
ある× 確信…「確信」は、「かたく信じて疑わな
いこと」という意味の別語。

5 ［ 威嚇 ］
威嚇：おどしつけること。
✎ 「威嚇」の嚇は、「おどす。おどかす。」と
いう意味。

6 ［ 飢餓 ］
飢餓：食べ物がなくて苦しむこと。
✎ 飢、餓いずれも「うえる。ひもじい。」とい
う意味を表す。

7 ［ 模擬 ］
模擬：本物と同じようにすること。
✎ 模、擬いずれも「まねる」という意味を表す。

8 ［ 猫背 ］
猫背：せなかが曲がり、首が前に出ている姿勢。

9 ［ 戻 ］
戻す：元の状態にする。
ある× 似た形の房と混同した誤答が目立つ。部首は
同じ戸（とだれ・とかんむり）だが、下部分の形が異なる。

10 ［ 杉 ］
杉：ヒノキ科の常緑高木。

読み　部首　熟語の構成　四字熟語　対義語・類義語　同音・同訓異字　誤字訂正　送りがな　書き取り

書き取り③

次の──線の**カタカナ**を**漢字**に直せ。

□□ 1 **キョウセイ**歯科を専門にしている医院だ。 [ ]

□□ 2 **モッキン**は打楽器の一種だ。 [ ]

□□ 3 今日は朝から妹の**キゲン**が悪い。 [ ]

□□ 4 **ゴフク**店で着物をあつらえる。 [ ]

□□ 5 日本**カイコウ**は太平洋側にある。 [ ]

□□ 6 **ゴウモン**のような苦役を強いられた。 [ ]

□□ 7 パソコンでの作業で目を**コクシ**する。 [ ]

□□ 8 **ヒガサ**を差した婦人が通りを歩く。 [ ]

□□ 9 **ドロナワ**式の対策では効果がない。 [ ]

□□ 10 **クチビル**が荒れて皮がむける。 [ ]

標準解答　　　　　解説

1 「 矯正 」
矯正：悪い点をただしく直すこと。
✏ 矯、正いずれも「ただす」という意味を表す。

2 「 木琴 」
木琴：長さと厚みの違う木片を音階順に並べた打楽器。

3 「 機嫌 」
機嫌：態度や表情に表れる気分のよしあし。

4 「 呉服 」
呉服：和服用の織物。
✏ 呉は昔の中国の国名。「呉服」は「呉から伝わった織り方で作られた衣服」ということ。

5 「 海溝 」
海溝：うみの底にある細長くくぼんだ所。

6 「 拷問 」
拷問：自白させるため肉体的苦痛を与えること。
✏ 「拷問」の拷は、「うつ。たたく。たたいて責める。」という意味を表す。

7 「 酷使 」
酷使：ひどくこきつかうこと。

8 「 日傘 」
日傘：紫外線などをさけるために差すかさ。
まちがえ× 傘に注意。「人」が横に並んでいる誤答が目立つ。「人」は縦に並ぶ。 ×傘 ○傘

9 「 泥縄 」
泥縄：物事が起こってから慌てて準備すること。
まちがえ× 縄に注意。15画目が10画目よりも下からのびるのは誤り。 縄 縄

10 「 唇 」
唇：くちの周りのやわらかい部分。
まちがえ× 口唇…唇は一字で「くちびる」という訓読みを持つ。

読み
部首
熟語の構成
四字熟語
対義語・類義語
同音・同訓異字
誤字訂正
送りがな
書き取り

書き取り④

次の──線のカタカナを漢字に直せ。

□□ 1 トマトの**サイバイ**を始める。 [　　　　]

□□ 2 **ショサイ**にこもって本を読む。 [　　　　]

□□ 3 **センタクシ**から正しい答えを見つける。 [　　　　]

□□ 4 **バンシャク**をささやかな楽しみとしている。 [　　　　]

□□ 5 ロビーに創業者の**ショウゾウ**画を飾る。 [　　　　]

□□ 6 過去に**ショウレイ**のない病気だった。 [　　　　]

□□ 7 **バイショウ**金を求める訴訟を起こす。 [　　　　]

□□ 8 **トビラエ**には子犬が描かれている。 [　　　　]

□□ 9 山林を**ツボ**あたり五千円で購入した。 [　　　　]

□□ 10 親友のために**ヒトハダ**脱ぐ。 [　　　　]

標準解答　　　　　　解　説

1 〔 栽培 〕
栽培：植物を植えて育てること。
✎ 栽の部首は木（き）。

2 〔 書斎 〕
書斎：本を読んだりかきものをしたりするための部屋。

3 〔 選択肢 〕
選択肢：質問に対しえらんで答えさせるために用意した複数の答え。

4 〔 晩酌 〕
晩酌：家庭で夕食のときに酒を飲むこと。
誤✕ 晩酎…同じ部首酉（とりへん）を持つ酎や酔と混同しないように注意。
酌

5 〔 肖像 〕
肖像画：人物の姿や顔を描いた絵。

6 〔 症例 〕
症例：病気やけがの状態を示すもの。
誤✕ 奨励…「奨励」は、「よい事をすすめ励ますこと」という意味の別語。

7 〔 賠償 〕
賠償：他者に与えた損害をつぐなうこと。
✎ 賠は、「つぐなう」という意味を持つ。部首は貝（かいへん）。

8 〔 扉絵 〕
扉絵：本の本文の前のページに描かれた絵。
誤✕ 戸絵…戸にも「とびら」という意味があるが、「とびら」という訓読みはない。

9 〔 坪 〕
坪：土地の面積の単位。

10 〔 一肌 〕
一肌脱ぐ：力を貸す。
誤✕ 人肌…「人肌」は、「人のはだ。それと同じくらいの温度。」という意味の別語。

読み
部首
熟語の構成
四字熟語
対義語・類義語
同音・同訓異字
誤字訂正
送りがな
書き取り

99

書き取り⑤

次の――線の**カタカナ**を**漢字**に直せ。

☐☐ 1 研究支援が盛んな**ドジョウ**がある。 [   ]

☐☐ 2 **シンシ**的な話し合いで解決する。 [   ]

☐☐ 3 **スイセン**の花が美しく咲いている。 [   ]

☐☐ 4 おつかいの**ダチン**として、お菓子を渡す。 [   ]

☐☐ 5 大和**チョウテイ**の研究を行う。 [   ]

☐☐ 6 **タンテイ**小説を読む。 [   ]

☐☐ 7 考えた末に前言を**テッカイ**した。 [   ]

☐☐ 8 城の**ホリ**で白鳥が泳いでいる。 [   ]

☐☐ 9 **ウネ**に沿って畑を見回る。 [   ]

☐☐ 10 **ウラカゼ**が心地よくほおをなでる。 [   ]

（標準解答）　　（解　説）

1 ［ 土壌 ］
土壌：物事を生み出す基盤や環境。
あるＸ 壌に注意。6〜7画目が抜けている誤答が多い。　壌

2 ［ 紳士 ］
紳士：上品で教養のある立派な男性。
✏ 「紳士」の紳は、「地位・教養の備わった立派な人」という意味を表す。

3 ［ 水仙 ］
水仙：ヒガンバナ科の多年草。

4 ［ 駄賃 ］
駄賃：手伝いをした子へのほうびの金。
✏ 「駄馬で荷物を運ぶ運賃」の意から。駄には「馬に荷物を背負わせる」という意味がある。

5 ［ 朝廷 ］
朝廷：天皇や天子が政治を行う場所。
あるＸ 廷に注意。延と混同した誤答が多い。右部分の形が異なることを確認しよう。　廷

6 ［ 探偵 ］
探偵：他人の行動をひそかに調べる人。
✏ 偵は、「うかがう。ようすをさぐる。」という意味を持つ。部首はイ（にんべん）。

7 ［ 撤回 ］
撤回：取り下げること。
あるＸ 徹回…徹は「とおす。つらぬく。」などの意味の別の漢字。

8 ［ 堀 ］
堀：敵の侵入を防ぐため土をほって水をたたえた場所。

9 ［ 畝 ］
畝：作物を植えるために高く盛り上げたところ。
あるＸ 右部分が攵（のぶん・ぼくづくり）になっている誤答が目立つ。形をよく確認しよう。　畝

10 ［ 浦風 ］
浦風：海辺に吹いているかぜ。

読み／部首／熟語の構成／四字熟語／対義語・類義語／同音・同訓異字／誤字訂正／送りがな／**書き取り**

101

書き取り⑥

次の――線の**カタカナ**を漢字に直せ。

□□ 1 **フウトウ**に切手をはった。 [   ]

□□ 2 **ジュウナン**な考えが発明を生む。 [   ]

□□ 3 **ニンプ**の食生活は胎児に影響する。 [   ]

□□ 4 **テイネイ**な言葉遣いを心がける。 [   ]

□□ 5 現状を**ハアク**して対策を練る。 [   ]

□□ 6 **バクゼン**とした寂しさを感じる。 [   ]

□□ 7 植木の**ハチ**に水をやる。 [   ]

□□ 8 **サルシバイ**には付き合えない。 [   ]

□□ 9 **ウズシオ**が船の航行を難しくする。 [   ]

□□10 アルバイトで学費を**カセ**いだ。 [   ]

(標準解答)　　　(解　説)

1 [封筒]
封筒：手紙などを入れて送るための紙袋。
✏「封筒」の筒は、「つつ。つつ状のもの。」という意味を表す。

2 [柔軟]
柔軟：状況に応じて変えること。やわらかくしなやかな様子。

3 [妊婦]
妊婦：身ごもっている女性。

4 [丁寧]
丁寧：礼儀正しいさま。
ここ✕ 寧に注意。亭と混同したような誤答が多い。「宀」と「⊤」の間に「冖」は不要。
✕ 寍　〇 寧

5 [把握]
把握：しっかり理解すること。
ここ✕ 握に注意。7〜9画目が続け字にならないように注意しよう。
〇 握

6 [漠然]
漠然：はっきりしないさま。
✏「漠然」の漠は、「はっきりしない。とりとめのないさま。」という意味を表す。

7 [鉢]
鉢：植物を植えるうつわ。
ここ✕ 同じ部首釒(かねへん)を持つ針と混同した誤答が目立つ。つくりの形を確認しよう。

〇 鉢

8 [猿芝居]
猿芝居：すぐ見破られるような浅はかな企て。
ここ✕ 猿に注意。7〜9画目や、10〜13画目が続け字にならないようにしよう。
✕ 猿　〇 猿

9 [渦潮]
渦潮：うずを巻いて流れる海水。

10 [稼]
稼ぐ：働いて収入を得る。
✏ 稼の部首は 禾 (のぎへん)。

読み

部首

熟語の構成

四字熟語

対義語・類義語

同音・同訓異字

誤字訂正

送りがな

書き取り

次の――線の**漢字の読み**を**ひらがな**で記せ。

☐☐ 1 <u>四肢</u>を伸ばして寝転がる。 [　　　]

☐☐ 2 この先に自衛隊の<u>駐屯</u>地がある。 [　　　]

☐☐ 3 この手紙をご<u>披見</u>ください。 [　　　]

☐☐ 4 <u>唯美</u>主義の美術作品を鑑賞する。 [　　　]

☐☐ 5 一言のもとに<u>喝破</u>された。 [　　　]

☐☐ 6 所得税の<u>還付</u>を受ける。 [　　　]

☐☐ 7 <u>猫舌</u>なのでお茶を冷まして飲む。 [　　　]

☐☐ 8 ライバルに<u>一泡</u>吹かせたい。 [　　　]

☐☐ 9 縁側に座って<u>夕涼</u>みをする。 [　　　]

☐☐ 10 <u>岬</u>からの眺めは絶景だ。 [　　　]

標準解答 　　　　　　解 説

読み

部首

熟語の構成

四字熟語

対義語・類義語

同音・同訓異字

誤字訂正

送りがな

書き取り

1 [しし] 四肢：両手と両足。

2 [ちゅうとん] 駐屯：軍隊がある場所にとどまること。

3 [ひけん] 披見：文書や手紙を開いて見ること。
ある✕ はいけん…「はいけん」と読むのは「拝見」。意味は「つつしんで見ること」。

4 [ゆいび] 唯美：美を最も価値があるものと考え心酔すること。
ある✕ ゆうび…「ゆうび」と読むのは「優美」。

5 [かっぱ] 喝破：誤った説を退けて正しい説を明言すること。

6 [かんぷ] 還付：元の持ち主へ返すこと。

7 [ねこじた] 猫舌：猫のように、熱い食べ物が苦手な人。

8 [ひとあわ] 一泡：不意をついて驚き慌てさせることのたとえ。

9 [ゆうすず] 夕涼み：夏の夕方に屋外に出て涼むこと。

10 [みさき] 岬：海や湖などに突き出ている陸地の先端。
ある✕ とうげ…「とうげ」と読むのは別字の「峠」。意味は「山ののぼりつめた所」など。

読み②

次の——線の**漢字の読み**を**ひらがな**で記せ。

☐☐ 1 <u>頑</u>として忠告を聞き入れない。 　　[　　　]

☐☐ 2 悪事が<u>露顕</u>して逃げる。 　　[　　　]

☐☐ 3 卒業式で校歌を<u>斉唱</u>する。 　　[　　　]

☐☐ 4 <u>発憤</u>して学問に励む。 　　[　　　]

☐☐ 5 このシャツは綿と麻の<u>混紡</u>だ。 　　[　　　]

☐☐ 6 <u>質朴</u>な人柄に好感を持つ。 　　[　　　]

☐☐ 7 <u>窯元</u>で絵付けを体験する。 　　[　　　]

☐☐ 8 来年度予算の<u>大枠</u>が決まった。 　　[　　　]

☐☐ 9 <u>漆塗</u>りの器に菓子を盛る。 　　[　　　]

☐☐ 10 <u>浮</u>ついた気持ちを静める。 　　[　　　]

	標準解答	解 説
1	がん	頑として：かたくなに人の言うことを受け入れない様子。
2	ろけん	露顕：秘密や悪事が発覚すること。
3	せいしょう	斉唱：声をそろえて歌ったり唱えたりすること。
4	はっぷん	発憤：刺激を受けて気持ちが奮い立つこと。
5	こんぼう	混紡：異なる繊維をつむいで糸にすること。
6	しつぼく	質朴：素直で律儀なこと。 よく出る✕ そぼく…「そぼく」と読むのは「素朴」。
7	かまもと	窯元：陶磁器を作る場所・人。
8	おおわく	大枠：大まかな物事の枠組み。
9	うるしぬ	漆塗り：漆を塗った器物。
10	うわ	浮つく：うきうきして落ち着かなくなる。 ✎「浮つく」は中学校で学習する熟字訓・当て字。

読み
部首
熟語の構成
四字熟語
対義語・類義語
同音・同訓異字
誤字訂正
送りがな
書き取り

読み③

次の──線の**漢字の読み**を**ひらがな**で記せ。

□□ 1 <u>一抹</u>の不安が脳裏をよぎった。 [　　　]

□□ 2 <u>富裕</u>な家庭に生まれ育つ。 [　　　]

□□ 3 この沼には<u>竜神</u>の伝説がある。 [　　　]

□□ 4 経済の<u>要衝</u>として知られている。 [　　　]

□□ 5 将軍が諸国を<u>統轄</u>する。 [　　　]

□□ 6 <u>森閑</u>とした雑木林の中を歩く。 [　　　]

□□ 7 原稿用紙の<u>升目</u>を少しずつ埋めていく。 [　　　]

□□ 8 寮の<u>賄</u>いを担当する。 [　　　]

□□ 9 <u>靴擦</u>れができて歩きづらい。 [　　　]

□□ 10 <u>最寄</u>りの駅で待つことにする。 [　　　]

標準解答　　　　解説

1 [いちまつ]　一抹：ほんのわずかなこと。

2 [ふゆう]　富裕：財産が多く豊かなこと。
ある✕ ゆうふく…「ゆうふく」と読むのは「裕福」。

3 [りゅうじん]　竜神：竜を神格化した呼び名。

4 [ようしょう]　要衝：軍事・交通・商業などの重要な場所。

5 [とうかつ]　統轄：ばらばらの状態のものを一つにまとめること。

6 [しんかん]　森閑：静まり返っている様子。

7 [ますめ]　升目：格子状に区切ってあるもの。

8 [まかな]　賄い：食事の世話をすること。

9 [くつず]　靴擦れ：足に合わない靴をはいて、すれてできた傷。

10 [もよ]　最寄り：最も近く。
✎「最寄り」は中学校で学習する熟字訓・当て字。

次の——線の**漢字の読み**を**ひらがな**で記せ。

□□ 1 責任者不在で判断に窮する。 [　　　]

□□ 2 基本的人権を享有する。 [　　　]

□□ 3 その小説は読者の琴線に触れた。 [　　　]

□□ 4 漢詩を朗々と吟詠する。 [　　　]

□□ 5 渓声が耳に心地よい。 [　　　]

□□ 6 組織の規律を破り、放逐される。 [　　　]

□□ 7 醜い争いが繰り広げられた。 [　　　]

□□ 8 お汁粉をごちそうになる。 [　　　]

□□ 9 クリの渋皮をむく。 [　　　]

□□ 10 いつまでも名残を惜しむ。 [　　　]

標準解答

解　説

読み

部首

熟語の構成

四字熟語

対義語・類義語

同音・同訓異字

誤字訂正

送りがな

書き取り

1 [きゅう]　窮する：対処できずに困る。

2 [きょうゆう]　享有：権利や能力などを、生来持っていること。

3 [きんせん]　琴線：心の奥にある感動を受ける部分。

4 [ぎんえい]　吟詠：漢詩などに節をつけて歌うこと。

5 [けいせい]　渓声：谷川の音。

6 [ほうちく]　放逐：そこから追い払うこと。
　　　　　　　　語例 駆逐

7 [みにく]　醜い：見ていて不快な感じがする様子。

8 [しるこ]　汁粉：小豆を砂糖で甘く煮て、もちなどを入れたもの。

9 [しぶかわ]　渋皮：木の実などの表皮の内側にある薄い皮。

10 [なごり]　名残：人と別れるときの思い切れない気持ち。
　　　　　　　　✐「名残」は中学校で学習する熟字訓・当て字。

読み⑤

次の——線の**漢字の読み**を**ひらがな**で記せ。

□□ 1 いずれ劣らぬ<u>俊傑</u>ぞろいだ。 [　　]

□□ 2 <u>淑女</u>としてのたしなみがある。 [　　]

□□ 3 兄は詩の同人誌を<u>主宰</u>している。 [　　]

□□ 4 先輩に<u>媒酌</u>の労をとっていただいた。[　　]

□□ 5 <u>珠玉</u>といえる出来の小説だ。 [　　]

□□ 6 <u>幽囚</u>された人を解放する。 [　　]

□□ 7 二人で暮らすには<u>手狭</u>だ。 [　　]

□□ 8 <u>尾根</u>伝いに北へ進む。 [　　]

□□ 9 <u>猿知恵</u>ではうまくいくまい。 [　　]

□□ 10 私の力では<u>太刀</u>打ちできない。 [　　]

標準解答　　　　解説

読み

部首

熟語の構成

四字熟語

対義語・類義語

同音・同訓異字

誤字訂正

送りがな

書き取り

1 ［ しゅんけつ ］
俊傑：才知が多くの人より優れている人。

2 ［ しゅくじょ ］
淑女：気品がある上品な女の人。

3 ［ しゅさい ］
主宰：代表者としてとりしきること。

4 ［ ばいしゃく ］
媒酌：結婚のなかだちをすること。

5 ［ しゅぎょく ］
珠玉：美しいものや立派なもののたとえ。

6 ［ ゆうしゅう ］
幽囚：ろうなどに閉じ込められること。
ゆういん…「いん」と読むのは別字の「因」。

7 ［ てぜま ］
手狭：生活や仕事のための場所が狭いこと。

8 ［ おね ］
尾根：山の頂上と頂上を結ぶ、高くなっているところ。

9 ［ さるぢえ ］
猿知恵：浅はかな知恵。

10 ［ たち ］
太刀打ち：張り合って争うこと。
「太刀」は長くて大きな刀のこと。

113

読み⑥

次の——線の**漢字の読み**を**ひらがな**で記せ。

☐☐ 1 <u>粛然</u>として声もない。 [ ]

☐☐ 2 幼いころを思うと<u>隔世</u>の感がある。 [ ]

☐☐ 3 主人公の変化する心情を<u>叙述</u>する。 [ ]

☐☐ 4 計画を実行するには時期<u>尚早</u>である。[ ]

☐☐ 5 <u>崇高</u>な目的のために努力する。 [ ]

☐☐ 6 <u>誓約</u>書に署名した。 [ ]

☐☐ 7 <u>怠惰</u>な生活は改めるべきだ。 [ ]

☐☐ 8 神妙な<u>面持</u>ちで会見に臨んだ。 [ ]

☐☐ 9 火災が起こる<u>虞</u>がある。 [ ]

☐☐ 10 <u>五月雨</u>の季節になる。 [ ]

標準解答　　　　解　説

1 [しゅくぜん]
粛然：静かにかしこまっている様子。
✎「粛然」の粛は「つつしむ。おごそか。」という意味を表す。

2 [かくせい]
隔世：時代や世代にひらきがあること。

3 [じょじゅつ]
叙述：物事の順を追ってのべること。

4 [しょうそう]
尚早：物事をするのに早すぎること。

5 [すうこう]
崇高：気高く尊いさま。

6 [せいやく]
誓約：多くの人の前でちかうこと。
よく×ある けいやく…「けいやく」と読むのは「契約」。

7 [たいだ]
怠惰：なまけてだらしがないこと。

8 [おももち]
面持ち：ある感情が表れた顔つき。

9 [おそれ]
虞：良からぬことが起きるという心配。

10 [さみだれ]
五月雨：梅雨。
✎「五月雨」は中学校で学習する熟字訓・当て字。

読み

部首

熟語の構成

四字熟語

対義語・類義語

同音・同訓異字

誤字訂正

送りがな

書き取り

読み⑦

次の――線の**漢字の読み**を**ひらがな**で記せ。

□□ 1 <u>私淑</u>する学者の本を読む。 [　　　　]

□□ 2 <u>人倫</u>にもとる振る舞いだ。 [　　　　]

□□ 3 流行の<u>変遷</u>について語る。 [　　　　]

□□ 4 <u>堕落</u>した生活から立ち直る。 [　　　　]

□□ 5 医学界の<u>泰斗</u>と呼ばれる先生に会う。[　　　　]

□□ 6 <u>蛍雪</u>の功を積んで大学に合格した。 [　　　　]

□□ 7 地価が急激に<u>騰貴</u>した。 [　　　　]

□□ 8 兄は<u>宵</u>っ張りの朝寝坊だ。 [　　　　]

□□ 9 <u>甚</u>だ残念な結果だった。 [　　　　]

□□10 <u>棚卸</u>しのために休業する。 [　　　　]

標準解答　　　　解説

1 ［ ししゅく ］ 私淑：ひそかに師と考え、模範とすること。

2 ［ じんりん ］ 人倫：人として守るべき道。
✎ 「人倫」の倫は「人のふみ行うべきみち」という意味を表す。

3 ［ へんせん ］ 変遷：時の流れとともに移りかわること。
✎ 「変遷」の遷は「うつりかわる。時がうつる。」という意味を表す。

4 ［ だらく ］ 堕落：品行がだらしなくなること。

5 ［ たいと ］ 泰斗：「泰山北斗」の略。その道の大家として最も尊ばれる人。

6 ［ けいせつ ］ 蛍雪の功：苦労して勉学に励んだ成果。

7 ［ とうき ］ 騰貴：値段が高くなること。
✎ 騰は「のぼる。高くあがる。」という意味を表す。 語例 高騰

8 ［ よい ］ 宵っ張り：夜遅くまで起きている習慣のある人。

9 ［ はなは ］ 甚だ：程度が普通以上であること。

10 ［ たなおろ ］ 棚卸し：商店などで、決算や整理のために、在庫品の数量や品質などを調べること。

次の——線の**漢字の読み**を**ひらがな**で記せ。

☐☐ 1 主賓の祝辞の後、乾杯した。 〔　　　〕

☐☐ 2 管理を怠ったとして減俸処分となった。 〔　　　〕

☐☐ 3 イベントの資金集めに奔走する。 〔　　　〕

☐☐ 4 車のタイヤが磨耗する。 〔　　　〕

☐☐ 5 終戦の詔勅が発せられた。 〔　　　〕

☐☐ 6 中庸な立場を保って意見を述べる。 〔　　　〕

☐☐ 7 惰性で、毎晩夜更かしをする。 〔　　　〕

☐☐ 8 部屋からは趣のある坪庭が望める。 〔　　　〕

☐☐ 9 ささいなことでも思い煩う。 〔　　　〕

☐☐ 10 荷物運びを助太刀する。 〔　　　〕

標準解答	解　説

1 [しゅひん] 主賓：客の中で最もおもだった人。
誤る✕ しゅさい…「しゅさい」と読むのは「主宰」。

2 [げんぽう] 減俸：給料を減らすこと。

3 [ほんそう] 奔走：忙しく走り回ること。

4 [まもう] 磨耗：すり減ること。

5 [しょうちょく] 詔勅：天皇が意思を発する文書の総称。

6 [ちゅうよう] 中庸：かたよらず調和がとれていること。

7 [だせい] 惰性：従来からの習慣や癖。

8 [つぼにわ] 坪庭：敷地内で建物に囲われた小さな庭。

9 [わずら] 煩う：思い悩む。

10 [すけだち] 助太刀：人に加勢すること。

次の漢字の**部首**を記せ。
〈例〉菜 〔 艹 〕 間 〔 門 〕

□□ 1 軟 〔　　　〕

□□ 2 瓶 〔　　　〕

□□ 3 弊 〔　　　〕

□□ 4 奔 〔　　　〕

□□ 5 耗 〔　　　〕

□□ 6 窯 〔　　　〕

□□ 7 羅 〔　　　〕

□□ 8 累 〔　　　〕

□□ 9 戻 〔　　　〕

□□ 10 鶏 〔　　　〕

標準解答　　　　　解　説

1 [車]
部首(部首名) 車（くるまへん）
✎ 車の漢字例：轄、軸　など
⚠✗ 欠（あくび・かける）ではない。

2 [瓦]
部首(部首名) 瓦（かわら）

3 [廾]
部首(部首名) 廾（こまぬき・にじゅうあし）
✎ 廾の漢字例：弁　など
⚠✗ 攵（のぶん・ぼくづくり）ではない。

4 [大]
部首(部首名) 大（だい）
✎ 大の漢字例：奨、契、奪　など
⚠✗ 廾（こまぬき・にじゅうあし）ではない。

5 [耒]
部首(部首名) 耒（すきへん・らいすき）
✎ 耒の漢字例：耕
⚠✗ 毛（け）ではない。

6 [穴]
部首(部首名) 穴（あなかんむり）
✎ 穴の漢字例：窮、室、窓　など
⚠✗ 宀（うかんむり）ではない。

7 [罒]
部首(部首名) 罒（あみがしら・あみめ・よこめ）
✎ 罒の漢字例：罷、罰　など
⚠✗ 糸（いと）ではない。

8 [糸]
部首(部首名) 糸（いと）
✎ 糸の漢字例：繭、索　など
⚠✗ 田（た）ではない。

9 [戸]
部首(部首名) 戸（とだれ・とかんむり）
✎ 戸の漢字例：房、扇　など
⚠✗ 大（だい）ではない。

10 [鳥]
部首(部首名) 鳥（とり）
✎ 鳥の漢字例：鳴　など

読み

部首

熟語の構成

四字熟語

対義語・類義語

同音・同訓異字

誤字訂正

送りがな

書き取り

※辞典や参考書により、部首や部首名の表記が異なる場合がありますが、「漢検」では定められた
　部首・部首名で解答する必要があります。採点基準は巻頭ページをご覧ください。

部首②

次の漢字の**部首**を記せ。
〈例〉菜 〔 ⧾ 〕 間 〔 門 〕

□□ 1 掌　　　　　　　　　　〔　　　〕

□□ 2 翻　　　　　　　　　　〔　　　〕

□□ 3 戒　　　　　　　　　　〔　　　〕

□□ 4 舟　　　　　　　　　　〔　　　〕

□□ 5 凡　　　　　　　　　　〔　　　〕

□□ 6 誉　　　　　　　　　　〔　　　〕

□□ 7 畝　　　　　　　　　　〔　　　〕

□□ 8 凹　　　　　　　　　　〔　　　〕

□□ 9 虞　　　　　　　　　　〔　　　〕

□□ 10 且　　　　　　　　　　〔　　　〕

（標準解答）　　　（解　説）

1 [手]
部首(部首名) 手（て）
✎ 手の漢字例：撃、承、挙　など

2 [羽]
部首(部首名) 羽（はね）
✎ 羽の漢字例：翼、翌　など

3 [戈]
部首(部首名) 戈（ほこづくり・ほこがまえ）
✎ 戈の漢字例：戯、成、戦　など

4 [舟]
部首(部首名) 舟（ふね）
✎ 常用漢字で舟を部首とする漢字は舟のみ。

5 [几]
部首(部首名) 几（つくえ）
✎ 几の漢字例：処

6 [言]
部首(部首名) 言（げん）
✎ 言の漢字例：誓、膳　など

7 [田]
部首(部首名) 田（た）
✎ 田の漢字例：甲、畳、異　など

8 [凵]
部首(部首名) 凵（うけばこ）
✎ 凵の漢字例：凶、出　など

9 [虍]
部首(部首名) 虍（とらがしら・とらかんむり）
✎ 虍の漢字例：虜、虚　など

10 [一]
部首(部首名) 一（いち）
✎ 一の漢字例：丘、丈、与　など

部首③

次の漢字の**部首**を記せ。
〈例〉菜 〔 ⺾ 〕 間 〔 門 〕

□□ 1 缶 　　　　　　　　　　〔　　　〕

□□ 2 凸 　　　　　　　　　　〔　　　〕

□□ 3 褒 　　　　　　　　　　〔　　　〕

□□ 4 虐 　　　　　　　　　　〔　　　〕

□□ 5 靴 　　　　　　　　　　〔　　　〕

□□ 6 企 　　　　　　　　　　〔　　　〕

□□ 7 斥 　　　　　　　　　　〔　　　〕

□□ 8 畜 　　　　　　　　　　〔　　　〕

□□ 9 壱 　　　　　　　　　　〔　　　〕

□□ 10 甘 　　　　　　　　　　〔　　　〕

標準解答 | 解 説

1 [缶]
部首(部首名) 缶（ほとぎ）
✏常用漢字で缶を部首とする漢字は缶のみ。
まちがえやすい✕ 山（やま）ではない。

2 [凵]
部首(部首名) 凵（うけばこ）
✏凵の漢字例：凶、出　など

3 [衣]
部首(部首名) 衣（ころも）
✏衣の漢字例：衷、衰、袋　など
まちがえやすい✕ 亠（なべぶた・けいさんかんむり）ではない。

4 [虍]
部首(部首名) 虍（とらがしら・とらかんむり）
✏虍の漢字例：虜、虚　など

5 [革]
部首(部首名) 革（かわへん）
✏常用漢字で革を部首とする漢字は靴のみ。

6 [人]
部首(部首名) 人（ひとやね）
✏人の漢字例：傘、介　など

7 [斤]
部首(部首名) 斤（きん）
✏斤の漢字例：斤

8 [田]
部首(部首名) 田（た）
✏田の漢字例：甲、畳、異　など

9 [士]
部首(部首名) 士（さむらい）
✏士の漢字例：壮、声　など

10 [甘]
部首(部首名) 甘（かん・あまい）
✏甘の漢字例：甚

読み

部首

熟語の構成

四字熟語

対義語・類義語

同音・同訓異字

誤字訂正

送りがな

書き取り

部首④

次の漢字の**部首**を記せ。
〈例〉菜 〔 艹 〕 間 〔 門 〕

□□ 1 唇 〔　　　〕

□□ 2 塁 〔　　　〕

□□ 3 鬼 〔　　　〕

□□ 4 秀 〔　　　〕

□□ 5 般 〔　　　〕

□□ 6 矛 〔　　　〕

□□ 7 麗 〔　　　〕

□□ 8 暦 〔　　　〕

□□ 9 裏 〔　　　〕

□□ 10 童 〔　　　〕

（標準解答）　　　　（解　説）

1　[口]
部首（部首名）口（くち）
✎口の漢字例：呉、哀、吏　など
まちがえやすい✗ 辰（しんのたつ）ではない。

2　[土]
部首（部首名）土（つち）
✎土の漢字例：塾、塑、堕　など
まちがえやすい✗ 田（た）ではない。

3　[鬼]
部首（部首名）鬼（おに）
✎鬼の漢字例：魂　など

4　[禾]
部首（部首名）禾（のぎ）
✎常用漢字で禾を部首とする漢字は秀のみ。

5　[舟]
部首（部首名）舟（ふねへん）
✎舟の漢字例：艦、舶、航　など

6　[矛]
部首（部首名）矛（ほこ）
✎常用漢字で矛を部首とする漢字は矛のみ。

7　[鹿]
部首（部首名）鹿（しか）
✎鹿の漢字例：鹿

8　[日]
部首（部首名）日（ひ）
✎日の漢字例：暫、昇、晶　など

9　[衣]
部首（部首名）衣（ころも）
✎衣の漢字例：衷、衰、袋　など

10　[立]
部首（部首名）立（たつ）
✎立の漢字例：競、章　など

部首⑤

次の漢字の**部首**を記せ。
〈例〉菜 〔 ⧺ 〕間 〔 門 〕

□□ 1 馬 〔　　　〕

□□ 2 克 〔　　　〕

□□ 3 臭 〔　　　〕

□□ 4 煩 〔　　　〕

□□ 5 賓 〔　　　〕

□□ 6 摩 〔　　　〕

□□ 7 既 〔　　　〕

□□ 8 辱 〔　　　〕

□□ 9 辛 〔　　　〕

□□10 乏 〔　　　〕

1回目	2回目
／10問	／10問

(標準解答)　　　(解　説)

1 [馬]
部首(部首名) 馬（うま）
✏ 馬の漢字例：騰　など

2 [儿]
部首(部首名) 儿（ひとあし・にんにょう）
✏ 儿の漢字例：免、党、兆　など

3 [自]
部首(部首名) 自（みずから）
✏ 自の漢字例：自
よくあるXな 大（だい）ではない。

4 [火]
部首(部首名) 火（ひへん）
✏ 火の漢字例：炊、炉　など
よくあるXな 頁（おおがい）ではない。

5 [貝]
部首(部首名) 貝（かい・こがい）
✏ 貝の漢字例：貞、貫、賢　など
よくあるXな 宀（うかんむり）ではない。

6 [手]
部首(部首名) 手（て）
✏ 手の漢字例：撃、承、挙　など
よくあるXな 广（まだれ）ではない。

7 [旡]
部首(部首名) 旡（なし・ぶ・すでのつくり）
✏ 常用漢字で旡を部首とする漢字は既のみ。

8 [辰]
部首(部首名) 辰（しんのたつ）
✏ 辰の漢字例：農
よくあるXな 寸（すん）ではない。

9 [辛]
部首(部首名) 辛（からい）
✏ 辛の漢字例：辞　など
よくあるXな 十（じゅう）ではない。

10 [ノ]
部首(部首名) ノ（の・はらいぼう）
✏ ノの漢字例：久　など

部首⑥

次の漢字の**部首**を記せ。
〈例〉菜 〔 艹 〕 間 〔 門 〕

□□ 1 幾 〔　　　〕

□□ 2 玄 〔　　　〕

□□ 3 釈 〔　　　〕

□□ 4 丹 〔　　　〕

□□ 5 隷 〔　　　〕

□□ 6 疑 〔　　　〕

□□ 7 舌 〔　　　〕

□□ 8 嗣 〔　　　〕

□□ 9 亜 〔　　　〕

□□ 10 再 〔　　　〕

標準解答	解 説

1 [幺]
部首(部首名) 幺（よう・いとがしら）
✎幺の漢字例：幻、幽 など

2 [玄]
部首(部首名) 玄（げん）
✎玄の漢字例：率
よくある✘ 亠（なべぶた・けいさんかんむり）ではない。

3 [釆]
部首(部首名) 釆（のごめへん）
✎常用漢字で釆を部首とする漢字は釈のみ。

4 [丶]
部首(部首名) 丶（てん）
✎丶の漢字例：主 など

5 [隶]
部首(部首名) 隶（れいづくり）
✎常用漢字で隶を部首とする漢字は隷のみ。

6 [疋]
部首(部首名) 疋（ひき）
✎常用漢字で疋を部首とする漢字は疑のみ。

7 [舌]
部首(部首名) 舌（した）
✎舌の漢字例：舗 など
よくある✘ 口（くち）ではない。

8 [口]
部首(部首名) 口（くち）
✎口の漢字例：呉、哀、更 など

9 [二]
部首(部首名) 二（に）
✎二の漢字例：井、五 など

10 [冂]
部首(部首名) 冂（どうがまえ・けいがまえ・まきがまえ）
✎冂の漢字例：冊 など

読み

部首

熟語の構成

四字熟語

対義語・類義語

同音・同訓異字

誤字訂正

送りがな

書き取り

131

部首⑦

次の漢字の**部首**を記せ。
〈例〉菜 〔 ⧾ 〕 間 〔 門 〕

□ 1 升 〔 〕

□ 2 武 〔 〕

□ 3 辞 〔 〕

□ 4 音 〔 〕

□ 5 青 〔 〕

□ 6 甚 〔 〕

□ 7 募 〔 〕

□ 8 慕 〔 〕

□ 9 革 〔 〕

□ 10 雇 〔 〕

	標準解答	解説

1 〔 十 〕

部首(部首名) 十(じゅう)
✎ 十の漢字例：卓、博、協 など

2 〔 止 〕

部首(部首名) 止（とめる）
✎ 止の漢字例：歳、歴 など

3 〔 辛 〕

部首(部首名) 辛（からい）
✎ 辛の漢字例：辛 など
よくある**✗** 舌（した）ではない。

4 〔 音 〕

部首(部首名) 音（おと）
✎ 音の漢字例：響 など
よくある**✗** 日（ひ）ではない。

5 〔 青 〕

部首(部首名) 青（あお）
✎ 青の漢字例：静
よくある**✗** 月（つき）ではない。

6 〔 甘 〕

部首(部首名) 甘（かん・あまい）
✎ 甘の漢字例：甘

7 〔 力 〕

部首(部首名) 力（ちから）
✎ 力の漢字例：勘、励、劣 など
よくある**✗** ⺾（くさかんむり）ではない。

8 〔 小 〕

部首(部首名) 小（したごころ）
✎ 小の漢字例：恭
よくある**✗** ⺾（くさかんむり）ではない。

9 〔 革 〕

部首(部首名) 革（かくのかわ・つくりがわ）
✎ 常用漢字で革を部首とする漢字は革のみ。

10 〔 隹 〕

部首(部首名) 隹（ふるとり）
✎ 隹の漢字例：隻、雅 など

熟語の構成①

熟語の構成のしかたには〔　　〕内の**ア～オ**のようなものがある。
次の熟語は〔　　〕内の**ア～オ**のどれにあたるか、**一つ**選び、**記号**で答えよ。

☐☐ 1　崇仏　　　　　　　　　　　〔　　〕

☐☐ 2　賠償　　　　　　　　　　　〔　　〕

☐☐ 3　遷都　　　　　　　　　　　〔　　〕

☐☐ 4　出没　　　　　　　　　　　〔　　〕

☐☐ 5　不遇　　　　　　　　　　　〔　　〕

☐☐ 6　塑像　　　　　　　　　　　〔　　〕

☐☐ 7　長幼　　　　　　　　　　　〔　　〕

☐☐ 8　勅使　　　　　　　　　　　〔　　〕

☐☐ 9　殉職　　　　　　　　　　　〔　　〕

☐☐ 10　謹呈　　　　　　　　　　　〔　　〕

> ア　同じような意味の漢字
> 　　を重ねたもの
> 　　　　　　　　（岩石）
>
> イ　反対または対応の意味
> 　　を表す字を重ねたもの
> 　　　　　　　　（高低）
>
> ウ　前の字が後の字を修飾
> 　　しているもの
> 　　　　　　　　（洋画）
>
> エ　後の字が前の字の目的
> 　　語・補語になっている
> 　　もの　　　　（着席）
>
> オ　前の字が後の字の意味
> 　　を打ち消しているもの
> 　　　　　　　　（非常）

(標準解答)　　　(解　説)

1 [エ]
崇仏：仏をあがめること。
構成 崇 ←― 仏 目的
仏をうやまう。

2 [ア]
賠償：損害の埋め合わせをすること。
構成 賠 ＝＝ 償 同義
どちらも「つぐなう」という意味。

3 [エ]
遷都：都をほかの地に移すこと。
構成 遷 ←― 都 目的
都を移す。

4 [イ]
出没：姿を現したり消したりすること。
構成 出 ←→ 没 対義
「現れること」と「隠れること」、反対の意味。

5 [オ]
不遇：才能がありながら運悪く世間に認められないこと。
構成 不 × 遇 打消
幸運にめぐり合わない。

6 [ウ]
塑像：粘土などで作る作品。
構成 塑 ―→ 像 修飾
粘土でできた像。

7 [イ]
長幼：年長者と年少者。
構成 長 ←→ 幼 対義
「年長者」と「年少者」、反対の意味。

8 [ウ]
勅使：天皇の意思を伝える使い。
構成 勅 ―→ 使 修飾
天皇の仰せを伝える使い。

9 [エ]
殉職：職務を果たそうとして命を落とすこと。
構成 殉 ←― 職 目的
職務のために命を投げ出す。

10 [ウ]
謹呈：物を贈るときに用いる語。
構成 謹 ―→ 呈 修飾
謹んで差し上げる。

読み
部首
熟語の構成
四字熟語
対義語・類義語
同音・同訓異字
誤字訂正
送りがな
書き取り

135

熟語の構成②

熟語の構成のしかたには[____]内の**ア～オ**のようなものがある。
次の熟語は[____]内の**ア～オ**のどれにあたるか、**一つ**選び、**記号**で答えよ。

☐☐ 1 懲悪 　　　　　　　　　　　　　[　　]

☐☐ 2 逓減 　　　　　　　　　　　　　[　　]

☐☐ 3 退廷 　　　　　　　　　　　　　[　　]

☐☐ 4 無粋 　　　　　　　　　　　　　[　　]

☐☐ 5 土壌 　　　　　　　　　　　　　[　　]

☐☐ 6 任免 　　　　　　　　　　　　　[　　]

☐☐ 7 公邸 　　　　　　　　　　　　　[　　]

☐☐ 8 功罪 　　　　　　　　　　　　　[　　]

☐☐ 9 頻繁 　　　　　　　　　　　　　[　　]

☐☐ 10 懇請 　　　　　　　　　　　　[　　]

ア 同じような意味の漢字
　を重ねたもの
　　　　　　　（岩石）

イ 反対または対応の意味
　を表す字を重ねたもの
　　　　　　　（高低）

ウ 前の字が後の字を修飾
　しているもの
　　　　　　　（洋画）

エ 後の字が前の字の目的
　語・補語になっている
　もの　　　　（着席）

オ 前の字が後の字の意味
　を打ち消しているもの
　　　　　　　（非常）

（標準解答）　　　　　　（解　説）

1 ［ エ ］
懲悪：悪を懲らしめること。
構成 懲 ← 悪 目的
悪を懲らしめる。

2 ［ ウ ］
逓減：だんだんに減らすこと。
構成 逓 → 減 修飾
次第に減る。

3 ［ エ ］
退廷：法廷から外に出ること。
構成 退 ← 廷 目的
法廷から退出する。

4 ［ オ ］
無粋：風流でないこと。
構成 無 × 粋 打消
粋でない。

5 ［ ア ］
土壌：作物を育てる土。
構成 土 ＝ 壌 同義
どちらも「土」という意味。

6 ［ イ ］
任免：職務を任じることと免じること。
構成 任 ←→ 免 対義
「任命」と「免職」、反対の意味。

7 ［ ウ ］
公邸：高級公務員のための公務用の邸宅。
構成 公 → 邸 修飾
公務のための邸宅。

8 ［ イ ］
功罪：一つの物事の良い面と悪い面。
構成 功 ←→ 罪 対義
「良い面」と「悪い面」、反対の意味。

9 ［ ア ］
頻繁：しばしば行われること。
構成 頻 ＝ 繁 同義
どちらも「しばしば」という意味。

10 ［ ウ ］
懇請：心を込めてひたすら頼むこと。
構成 懇 → 請 修飾
懇ろに請う。

読み

部首

熟語の構成

四字熟語

対義語・類義語

同音・同訓異字

誤字訂正

送りがな

書き取り

熟語の構成③

熟語の構成のしかたには◯◯◯内の**ア〜オ**のようなものがある。次の熟語は◯◯◯内の**ア〜オ**のどれにあたるか、**一つ選び**、**記号**で答えよ。

☐☐ 1　迎賓　　　　　　　　　　　　　［　　］

☐☐ 2　克己　　　　　　　　　　　　　［　　］

☐☐ 3　未遂　　　　　　　　　　　　　［　　］

☐☐ 4　旋回　　　　　　　　　　　　　［　　］

☐☐ 5　抹茶　　　　　　　　　　　　　［　　］

☐☐ 6　抑揚　　　　　　　　　　　　　［　　］

☐☐ 7　頒価　　　　　　　　　　　　　［　　］

☐☐ 8　貸借　　　　　　　　　　　　　［　　］

☐☐ 9　哀悼　　　　　　　　　　　　　［　　］

☐☐10　誓詞　　　　　　　　　　　　　［　　］

ア　同じような意味の漢字を重ねたもの
　　　　　　　　（岩石）

イ　反対または対応の意味を表す字を重ねたもの
　　　　　　　　（高低）

ウ　前の字が後の字を修飾しているもの
　　　　　　　　（洋画）

エ　後の字が前の字の目的語・補語になっているもの
　　　　　　　　（着席）

オ　前の字が後の字の意味を打ち消しているもの
　　　　　　　　（非常）

（標準解答）　　　　　　　（解説）

1 ［ エ ］
迎賓（げいひん）：大切な客をもてなすこと。
構成 迎 ← 賓 目的
賓客を迎える。

2 ［ エ ］
克己（こっき）：自分の欲望に打ち勝つこと。
構成 克 ← 己 目的
己に打ち勝つ。

3 ［ オ ］
未遂（みすい）：実行しようとして失敗すること。
構成 未 × 遂 打消
まだ遂げていない。

4 ［ ア ］
旋回（せんかい）：円を描くようにまわること。
構成 旋 ＝ 回 同義
どちらも「回転する」という意味。

5 ［ ウ ］
抹茶（まっちゃ）：精製した茶葉を粉末にしたもの。
構成 抹 → 茶 修飾
粉にした茶。

6 ［ イ ］
抑揚（よくよう）：声の調子を上げたり下げたりすること。
構成 抑 ← → 揚 対義
「おさえる」と「あげる」、反対の意味。

7 ［ ウ ］
頒価（はんか）：頒布する物品の価格。
構成 頒 → 価 修飾
頒布する価格。

8 ［ イ ］
貸借（たいしゃく）：貸すことと借りること。
構成 貸 ← → 借 対義
「貸すこと」と「借りること」、反対の意味。

9 ［ ア ］
哀悼（あいとう）：人の死をかなしみ、いたむこと。
構成 哀 ＝ 悼 同義
どちらも「死者をいたむ」という意味。

10 ［ ウ ］
誓詞（せいし）：誓いの言葉。
構成 誓 → 詞 修飾
誓いの言葉。

読み
部首
熟語の構成
四字熟語
対義語・類義語
同音・同訓異字
誤字訂正
送りがな
書き取り

熟語の構成④

熟語の構成のしかたには　　　内の**ア～オ**のようなものがある。
次の熟語は　　　内の**ア～オ**のどれにあたるか、**一つ選び**、**記号**で答えよ。

□□ 1　鎮魂　　　　　　　　　　　　　　　　　〔　　〕

□□ 2　未了　　　　　　　　　　　　　　　　　〔　　〕

□□ 3　遵法

　　　　　　　　ア　同じような意味の漢字
　　　　　　　　　　を重ねたもの
　　　　　　　　　　　　　　　（岩石）　　　〔　　〕

□□ 4　凡庸

　　　　　　　　イ　反対または対応の意味
　　　　　　　　　　を表す字を重ねたもの
　　　　　　　　　　　　　　　（高低）　　　〔　　〕

□□ 5　義憤

　　　　　　　　ウ　前の字が後の字を修飾
　　　　　　　　　　しているもの
　　　　　　　　　　　　　　　（洋画）　　　〔　　〕

□□ 6　去就

　　　　　　　　エ　後の字が前の字の目的
　　　　　　　　　　語・補語になっている
　　　　　　　　　　もの　　　（着席）　　　〔　　〕

□□ 7　併記

□□ 8　官民

　　　　　　　　オ　前の字が後の字の意味
　　　　　　　　　　を打ち消している
　　　　　　　　　　もの　　　（非常）　　　〔　　〕

□□ 9　逸脱　　　　　　　　　　　　　　　　　〔　　〕

□□ 10　媒体　　　　　　　　　　　　　　　　　〔　　〕

（標準解答）　　　　　解　説

1 [エ]

鎮魂：死者の魂を鎮めること。
構成 鎮 ←― 魂 目的
死者の魂を鎮める。

2 [オ]

未了：まだ終わっていないこと。
構成 未 × 了 打消
まだ終了していない。

3 [エ]

遵法：法律に従って行動すること。
構成 遵 ←― 法 目的
法に従う。遵は「したがう」という意味。

4 [ア]

凡庸：これといった取り柄のないこと。
構成 凡 ＝＝ 庸 同義
どちらも「ふつう」という意味。

5 [ウ]

義憤：不公正なことに対するいきどおり。
構成 義 ―→ 憤 修飾
道義に従った怒り。

6 [イ]

去就：去ることと、とどまること。
構成 去 ←→ 就 対義
「去ること」と「就くこと」、反対の意味。

7 [ウ]

併記：二つ以上の事柄を並べて書くこと。
構成 併 ―→ 記 修飾
あわせて記す。

8 [イ]

官民：官庁と民間。
構成 官 ←→ 民 対義
「公的なもの」と「一般のもの」、反対の意味。

9 [ア]

逸脱：本筋から外れること。
構成 逸 ＝＝ 脱 同義
どちらも「それる」という意味。

10 [ウ]

媒体：伝達の仲立ちになるもの。
構成 媒 ―→ 体 修飾
仲立ちとなるもの。

読み　部首　熟語の構成　四字熟語　対義語・類義語　同音・同訓異字　誤字訂正　送りがな　書き取り

141

熟語の構成⑤

熟語の構成のしかたには　　　内の**ア～オ**のようなものがある。次の熟語は　　　内の**ア～オ**のどれにあたるか、**一つ選び**、**記号**で答えよ。

□□ 1　遭難　　　　　　　　　　　　　　　〔　　〕

□□ 2　不朽　　　　　　　　　　　　　　　〔　　〕

ア	同じような意味の漢字を重ねたもの（岩石）
イ	反対または対応の意味を表す字を重ねたもの（高低）
ウ	前の字が後の字を修飾しているもの（洋画）
エ	後の字が前の字の目的語・補語になっているもの（着席）
オ	前の字が後の字の意味を打ち消しているもの（非常）

□□ 3　洞穴　　　　　　　　　　　　　　　〔　　〕

□□ 4　弊風　　　　　　　　　　　　　　　〔　　〕

□□ 5　繁閑　　　　　　　　　　　　　　　〔　　〕

□□ 6　奔流　　　　　　　　　　　　　　　〔　　〕

□□ 7　渉外　　　　　　　　　　　　　　　〔　　〕

□□ 8　出納　　　　　　　　　　　　　　　〔　　〕

□□ 9　弾劾　　　　　　　　　　　　　　　〔　　〕

□□ 10　弔辞　　　　　　　　　　　　　　　〔　　〕

標準解答	解　説

読み
部首
熟語の構成
四字熟語
対義語・類義語
同音・同訓異字
誤字訂正
送りがな
書き取り

1 [エ]
遭難：命を落とすような、危険にあうこと。
構成 遭 ← 難 目的
災難にであう。

2 [オ]
不朽：いつまでも価値を失わず、後世に残ること。
構成 不 × 朽 打消
朽ちない。

3 [ア]
洞穴：どうくつ。
構成 洞 ＝ 穴 同義
どちらも「あな」という意味。

4 [ウ]
弊風：悪い風習。
構成 弊 → 風 修飾
よくない風習。

5 [イ]
繁閑：忙しいことと暇なこと。
構成 繁 ←→ 閑 対義
「忙しいこと」と「暇なこと」、反対の意味。

6 [ウ]
奔流：勢いのある激しい流れ。
構成 奔 → 流 修飾
激しい流れ。

7 [エ]
渉外：外部と連絡や交渉をすること。
構成 渉 ← 外 目的
外部と交渉する。

8 [イ]
出納：金銭や物品の出し入れ。
構成 出 ←→ 納 対義
「出す」と「納める」、反対の意味。

9 [ア]
弾劾：不正などを暴いて責任を追及すること。
構成 弾 ＝ 劾 同義
どちらも「罪などを正す」という意味。

10 [ウ]
弔辞：死者を弔う言葉。
構成 弔 → 辞 修飾
弔いの言葉。

熟語の構成⑥

熟語の構成のしかたには〔　　〕内の**ア～オ**のようなものがある。
次の熟語は〔　　〕内の**ア～オ**のどれにあたるか、**一つ選び**、**記号で答えよ。**

☐☐ 1　不屈　　　　　　　　　　　　〔　　〕

☐☐ 2　把握　　　　　　　　　　　　〔　　〕

☐☐ 3　逓増　　　　　　　　　　　　〔　　〕

☐☐ 4　妄信　　　　　　　　　　　　〔　　〕

☐☐ 5　寛厳　　　　　　　　　　　　〔　　〕

☐☐ 6　喫茶　　　　　　　　　　　　〔　　〕

☐☐ 7　疾患　　　　　　　　　　　　〔　　〕

☐☐ 8　貴賓　　　　　　　　　　　　〔　　〕

☐☐ 9　早晩　　　　　　　　　　　　〔　　〕

☐☐ 10　叙勲　　　　　　　　　　　〔　　〕

ア　同じような意味の漢字を重ねたもの（岩石）

イ　反対または対応の意味を表す字を重ねたもの（高低）

ウ　前の字が後の字を修飾しているもの（洋画）

エ　後の字が前の字の目的語・補語になっているもの（着席）

オ　前の字が後の字の意味を打ち消しているもの（非常）

（標準解答）　　　　　（　解　説　）

1 ［ オ ］
不屈：困難にぶつかっても意志を貫くこと。
構成 不 × 屈 打消
屈しない。

2 ［ ア ］
把握：しっかり理解すること。
構成 把 ＝＝ 握 同義
どちらも「にぎる。つかむ。」という意味。

3 ［ ウ ］
逓増：だんだん増すこと。また、増やすこと。
構成 逓 → 増 修飾
次第に増える。

4 ［ ウ ］
妄信：根拠もなくむやみに信じること。
構成 妄 → 信 修飾
根拠なく信じる。

5 ［ イ ］
寛厳：寛大なことと厳格なこと。
構成 寛 ←→ 厳 対義
「寛大なこと」と「厳格なこと」、反対の意味。

6 ［ エ ］
喫茶：茶を飲むこと。
構成 喫 ← 茶 目的
茶を飲む。喫は「のむ」という意味。

7 ［ ア ］
疾患：病気。
構成 疾 ＝＝ 患 同義
どちらも「病気」という意味。

8 ［ ウ ］
貴賓：身分や地位の高い客。
構成 貴 → 賓 修飾
身分の高い客。

9 ［ イ ］
早晩：おそかれ早かれ。
構成 早 ←→ 晩 対義
「早い」と「おそい」、反対の意味。

10 ［ エ ］
叙勲：功労者に名誉ある待遇と記章を与えること。
構成 叙 ← 勲 目的
勲章をさずける。

読み

部首

熟語の構成

四字熟語

対義語・類義語

同音・同訓異字

誤字訂正

送りがな

書き取り

熟語の構成⑦

熟語の構成のしかたには[ ]内の**ア~オ**のようなものがある。次の熟語は[ ]内の**ア~オ**のどれにあたるか、**一つ選び**、**記号**で答えよ。

□ 1 贈賄 　　　　　　　　　　　　　　　[　]

□ 2 未婚 　　　　　　　　　　　　　　　[　]

□ 3 解剖 　　　　　　　　　　　　　　　[　]

ア	同じような意味の漢字を重ねたもの（岩石）
イ	反対または対応の意味を表す字を重ねたもの（高低）
ウ	前の字が後の字を修飾しているもの（洋画）
エ	後の字が前の字の目的語・補語になっているもの（着席）
オ	前の字が後の字の意味を打ち消しているもの（非常）

□ 4 酪農 　　　　　　　　　　　　　　　[　]

□ 5 義賊 　　　　　　　　　　　　　　　[　]

□ 6 慶弔 　　　　　　　　　　　　　　　[　]

□ 7 享受 　　　　　　　　　　　　　　　[　]

□ 8 遍在 　　　　　　　　　　　　　　　[　]

□ 9 多寡 　　　　　　　　　　　　　　　[　]

□ 10 上棟 　　　　　　　　　　　　　　　[　]

（標準解答）　　　　　　解　説

1 ［ エ ］
贈賄：不正な目的で金品を贈ること。
構成 贈 ← 賄 **目的**
わいろを贈る。

2 ［ オ ］
未婚：まだ結婚していないこと。
構成 未 × 婚 **打消**
まだ結婚していない。

3 ［ ア ］
解剖：生物の体を切り開いて内部を調べること。
構成 解 == 剖 **同義**
どちらも「ばらばらにする」という意味。

4 ［ ウ ］
酪農：牛や羊を飼って乳や乳製品などを作ること。
構成 酪 → 農 **修飾**
乳製品を作る農業。

5 ［ ウ ］
義賊：金持ちから金品を盗み、貧しい者に分け与える盗賊。
構成 義 → 賊 **修飾**
弱い者を助ける盗賊。

6 ［ イ ］
慶弔：祝いごとと、とむらいごと。
構成 慶 ← → 弔 **対義**
「慶事」と「弔事」、反対の意味。

7 ［ ア ］
享受：受け入れて自分のものにすること。
構成 享 == 受 **同義**
どちらも「うける」という意味。

8 ［ ウ ］
遍在：広くあちこちにあること。
構成 遍 → 在 **修飾**
どこにでも存在する。

9 ［ イ ］
多寡：数が多いことと少ないこと。
構成 多 ← → 寡 **対義**
「多い」と「少ない」、反対の意味。

10 ［ エ ］
上棟：建物の骨組みができた後、棟木を上げること。
構成 上 ← 棟 **目的**
棟木を上げる。

読み

部首

熟語の構成

四字熟語

対義語・類義語

同音・同訓異字

誤字訂正

送りがな

書き取り

147

四字熟語①

内のひらがなを**漢字**にして（1～10）に入れ、**四字熟語**を
完成せよ。 内のひらがなは一度だけ使い、**漢字一字**で答えよ。
また、11～15の**意味**にあてはまるものを**ア～コの四字熟語**から**一つ**
選び、**記号**で答えよ。

☐☐ 1　ア　換（ 1 ）奪胎　　　　　　　　　［　　　］

☐☐ 2　イ　（ 2 ）急自在　　　　　　　　　［　　　］

☐☐ 3　ウ　物情（ 3 ）然　　　　　　　　　［　　　］

☐☐ 4　エ　優勝（ 4 ）敗　　　　　　　　　［　　　］

☐☐ 5　オ　英（ 5 ）豪傑　　　　　　　　　［　　　］

☐☐ 6　カ　旧態（ 6 ）然　　　　　　　　　［　　　］

☐☐ 7　キ　安寧（ 7 ）序　　　　　　　　　［　　　］

☐☐ 8　ク　正真正（ 8 ）　　　　　　　　　［　　　］

☐☐ 9　ケ　縦横無（ 9 ）　　　　　　　　　［　　　］

い
かん
こつ
しゅん
じん
そう
ちつ
めい
れい
れつ

☐☐ 10　コ　奮（ 10 ）努力　　　　　　　　　［　　　］

☐☐ 11　強者が勝ち、弱者が負けること。　　　　　　　　　［　　　］

☐☐ 12　何ものにも妨げられずに行動すること。　　　　　　　［　　　］

☐☐ 13　状況に応じて思うままに手綱さばきを変える。　　　　　［　　　］

☐☐ 14　もとのままで進歩や発展がないさま。　　　　　　　　［　　　］

☐☐ 15　他の作品に創意を加えて独自の作品とすること。　　　［　　　］

	標準解答	解説
1	骨	換骨奪胎：他の作品に創意を加えて独自の作品とすること。
2	緩	緩急自在：状況に応じて思うままに手綱さばきを変える。
3	騒	物情騒然：世の中がさわがしく落ち着かないさま。
4	劣	優勝劣敗：強者が勝ち、弱者が負けること。
5	俊	英俊豪傑：多くの中で特にすぐれた人物。
6	依	旧態依然：もとのままで進歩や発展がないさま。
7	秩	安寧秩序：社会が落ち着いて、秩序立っていること。
8	銘	正真正銘：全くうそ偽りがなく、本物であること。
9	尽	縦横無尽：何ものにも妨げられずに行動すること。
10	励	奮励努力：気力を奮い起こして努めはげむこと。
11	エ	優勝劣敗 類 弱肉強食、適者生存
12	ケ	縦横無尽
13	イ	緩急自在
14	カ	旧態依然 類 十年一日
15	ア	換骨奪胎 類 点鉄成金

読み

部首

熟語の構成

四字熟語

対義語・類義語

同音・同訓異字

誤字訂正

送りがな

書き取り

149

四字熟語②

内のひらがなを**漢字**にして（1～10）に入れ、**四字熟語**を完成せよ。　　　内のひらがなは一度だけ使い、**漢字一字**で答えよ。また、11～15の**意味**にあてはまるものを**ア～コの四字熟語**から**一つ**選び、**記号**で答えよ。

☐☐ 1　ア　自暴自（ **1** ）　　　　　　　　［　　　］

☐☐ 2　イ　千（ **2** ）万紅　　　　　　　　［　　　］

☐☐ 3　ウ　要害（ **3** ）固　　　　　　　　［　　　］

☐☐ 4　エ　（ **4** ）飲馬食　　　　　　　　［　　　］

☐☐ 5　オ　少（ **5** ）気鋭　　　　　　　　［　　　］

☐☐ 6　カ　（ **6** ）象無象　　　　　　　　［　　　］

☐☐ 7　キ　熟（ **7** ）断行　　　　　　　　［　　　］

☐☐ 8　ク　率先垂（ **8** ）　　　　　　　　［　　　］

☐☐ 9　ケ　暗中模（ **9** ）　　　　　　　　［　　　］

う
き
げい
けん
さく
し
そう
ち
はん
りょ

☐☐ 10　コ　巧（ **10** ）拙速　　　　　　　　［　　　］

☐☐ 11　地勢が険しくて、敵への備えがかたいこと。　　　　　　［　　］
☐☐ 12　年が若く精神力がみなぎるさま。　　　　　　　　　　　　［　　］
☐☐ 13　考えた上で思い切って実行すること。　　　　　　　　　　［　　］
☐☐ 14　希望を失い投げやりになること。　　　　　　　　　　　　［　　］
☐☐ 15　種々雑多なつまらない人や物。　　　　　　　　　　　　　［　　］

1回目	2回目
／15問	／15問

	標準解答	解 説

読み

部首

熟語の構成

四字熟語

対義語・類義語

同音・同訓異字

誤字訂正

送りがな

書き取り

1 [棄] 自暴自棄：希望を失い投げやりになること。

2 [紫] 千紫万紅：色とりどりの花が咲くさま。

3 [堅] 要害堅固：地勢が険しくて、敵への備えがかたいこと。

4 [鯨] 鯨飲馬食：一度にたくさん飲み食いすること。

5 [壮] 少壮気鋭：年が若く精神力がみなぎるさま。

6 [有] 有象無象：種々雑多なつまらない人や物。

7 [慮] 熟慮断行：考えた上で思い切って実行すること。

8 [範] 率先垂範：人に先立って手本を示すこと。

9 [索] 暗中模索：手探りの状態で、あれこれやってみること。

10 [遅] 巧遅拙速：じょうずでおそいより、へたでも速い方がよいの意。

11 [ウ] 要害堅固 類 金城鉄壁、難攻不落

12 [オ] 少壮気鋭 類 新進気鋭

13 [キ] 熟慮断行

14 [ア] 自暴自棄

15 [カ] 有象無象 類 有相無相、森羅万象

151

四字熟語③

　内のひらがなを**漢字**にして（1～10）に入れ、**四字熟語**を
完成せよ。　　内のひらがなは一度だけ使い、**漢字一字**で答えよ。
また、11～15の**意味**にあてはまるものを**ア～コの四字熟語**から**一つ**
選び、**記号**で答えよ。

□□ 1　ア　首尾一（ 1 ）　　　　　　〔　　　〕

□□ 2　イ　危機一（ 2 ）　　　　　　〔　　　〕

□□ 3　ウ　深謀遠（ 3 ）　　　　　　〔　　　〕

□□ 4　エ　妙計（ 4 ）策　　　　　　〔　　　〕

□□ 5　オ　静（ 5 ）閑雅　　　　　　〔　　　〕

□□ 6　カ　粗（ 6 ）粗食　　　　　　〔　　　〕

□□ 7　キ　（ 7 ）口牛後　　　　　　〔　　　〕

□□ 8　ク　（ 8 ）軍奮闘　　　　　　〔　　　〕

□□ 9　ケ　東（ 9 ）西走　　　　　　〔　　　〕

い
かん
き
けい
こ
じゃく
ぱつ
ぶ
ほん
りょ

□□ 10　コ　傍若（ 10 ）人　　　　　　〔　　　〕

□□ 11　意表をついた優れたはかりごと。　　　　　　〔　　　〕
□□ 12　大集団で従属するより、小集団の頭の方がよい。　　〔　　　〕
□□ 13　危険な状態に陥りそうな瀬戸際。　　　　　　　〔　　　〕
□□ 14　辺りをはばからない振る舞い。　　　　　　　　〔　　　〕
□□ 15　終始、方針や態度が変わらないこと。　　　　　〔　　　〕

標準解答	解　説

1 〔 貫 〕 首尾一貫：終始、方針や態度が変わらないこと。

2 〔 髪 〕 危機一髪：危険な状態に陥りそうな瀬戸際。

3 〔 慮 〕 深謀遠慮：深く考え、将来のことまで見通して計画を立てること。

4 〔 奇 〕 妙計奇策：意表をついた優れたはかりごと。

5 〔 寂 〕 静寂閑雅：ひっそり静かで、みやびやかな趣のあること。

6 〔 衣 〕 粗衣粗食：質素な生活・貧しい生活のたとえ。

7 〔 鶏 〕 鶏口牛後：大集団で従属するより、小集団の頭の方がよい。

8 〔 孤 〕 孤軍奮闘：支援する者がない中で、一人で懸命に努力すること。

9 〔 奔 〕 東奔西走：仕事や用事のため、あちこち忙しく走りまわること。

10 〔 無 〕 傍若無人：辺りをはばからない振る舞い。

11 〔 エ 〕 妙計奇策

12 〔 キ 〕 鶏口牛後

13 〔 イ 〕 危機一髪

14 〔 コ 〕 傍若無人

15 〔 ア 〕 首尾一貫　類 終始一貫、首尾相応、徹頭徹尾

読み

部首

熟語の構成

四字熟語

対義語・類義語

同音・同訓異字

誤字訂正

送りがな

書き取り

153

四字熟語④

:::::::::内のひらがなを**漢字**にして（1～10）に入れ、**四字熟語**を
完成せよ。::::::::::内のひらがなは一度だけ使い、**漢字一字**で答えよ。
また、11～15の**意味**にあてはまるものを**ア～コの四字熟語**から**一つ**
選び、**記号**で答えよ。

□ 1　ア　同（ **1** ）異夢　　　　　　　［　　　　］

□ 2　イ　勇（ **2** ）果敢　　　　　　　［　　　　］

□ 3　ウ　普遍（ **3** ）当　　　　　　　［　　　　］

□ 4　エ　難（ **4** ）不落　　　　　　　［　　　　］

□ 5　オ　天下（ **5** ）免　　　　　　　［　　　　］

□ 6　カ　附和（ **6** ）同　　　　　　　［　　　　］

□ 7　キ　神出（ **7** ）没　　　　　　　［　　　　］

□ 8　ク　（ **8** ）非曲直　　　　　　　［　　　　］

□ 9　ケ　信賞必（ **9** ）　　　　　　　［　　　　］

□ 10　コ　一念（ **10** ）起　　　　　　　［　　　　］

きごこうしょうぜだばっもうらい

□ 11　考えもせず、他人の言動に従うこと。　　　［　　　］

□ 12　どんな場合でも適切と認められること。　　［　　　］

□ 13　こちらの思い通りにならないこと。　　　　［　　　］

□ 14　自由自在に現れたり消えたりすること。　　［　　　］

□ 15　褒賞と制裁を厳正に行うこと。　　　　　　［　　　］

1回目	2回目
／15問	／15問

	標準解答		解　説
1	床		同床異夢：同じ状況にいても、考え方や目的がちがうことのたとえ。
2	猛		勇猛果敢：勇ましくて強く、決断力に富むこと。
3	妥		普遍妥当：どんな場合でも適切と認められること。
4	攻		難攻不落：こちらの思い通りにならないこと。
5	御		天下御免：世間に公然と認められていること。
6	雷		附和雷同：考えもせず、他人の言動に従うこと。
7	鬼		神出鬼没：自由自在に現れたり消えたりすること。
8	是		是非曲直：物事の善悪・正不正のこと。
9	罰		信賞必罰：褒賞と制裁を厳正に行うこと。
10	発		一念発起：あることを成し遂げようと決意すること。
11	カ		附和雷同　類 附和随行、唯唯諾諾、軽挙妄動
12	ウ		普遍妥当
13	エ		難攻不落　類 金城鉄壁、金城湯池
14	キ		神出鬼没　類 神変出没、鬼出神行
15	ケ		信賞必罰

読み

部首

熟語の構成

四字熟語

対義語・類義語

同音・同訓異字

誤字訂正

送りがな

書き取り

155

四字熟語⑤

□内のひらがなを**漢字**にして（1～10）に入れ、**四字熟語**を完成せよ。□内のひらがなは一度だけ使い、**漢字一字**で答えよ。また、11～15の**意味**にあてはまるものを**ア～コの四字熟語**から**一つ**選び、**記号**で答えよ。

□ 1　ア　一（　1　）打尽　　　　　　　［　　　］

□ 2　イ　雲散（　2　）消　　　　　　　［　　　］

□ 3　ウ　悠悠自（　3　）　　　　　　　［　　　］

□ 4　エ　外柔内（　4　）　　　　　　　［　　　］

□ 5　オ　青天（　5　）日　　　　　　　［　　　］

□ 6　カ　故事来（　6　）　　　　　　　［　　　］

□ 7　キ　思（　7　）分別　　　　　　　［　　　］

□ 8　ク　美（　8　）麗句　　　　　　　［　　　］

□ 9　ケ　（　9　）舞激励　　　　　　　［　　　］

□10　コ　馬耳（　10　）風　　　　　　　［　　　］

こ
ご
じ
てき
とう
はく
む
もう
りょ
れき

□ 11　世事に流されず、ゆったりと過ごすこと。　　　　［　　］

□ 12　うわべを飾り立てた内容の乏しい言葉。　　　　　［　　］

□ 13　昔から伝わる事柄や、そのいわれ。　　　　　　　［　　］

□ 14　外見は穏やかだが意志が強いこと。　　　　　　　［　　］

□ 15　影も形もなく消えること。　　　　　　　　　　　［　　］

156

標準解答	解 説

1 [網] 一網打尽：ひとまとめに悪人を捕らえ尽くすこと。

2 [霧] 雲散霧消：影も形もなく消えること。

3 [適] 悠悠自適：世事に流されず、ゆったりと過ごすこと。

4 [剛] 外柔内剛：外見は穏やかだが意志が強いこと。

5 [白] 青天白日：心にやましいことが全くないことのたとえ。

6 [歴] 故事来歴：昔から伝わる事柄や、そのいわれ。

7 [慮] 思慮分別：物事に深く考えをめぐらし判断すること。

8 [辞] 美辞麗句：うわべを飾り立てた内容の乏しい言葉。

9 [鼓] 鼓舞激励：盛んにふるいたたせ励ますこと。

10 [東] 馬耳東風：人の意見や批評を心にとめず、聞き流すこと。

11 [ウ] 悠悠自適 　類　悠悠自得、悠然自得

12 [ク] 美辞麗句

13 [カ] 故事来歴

14 [エ] 外柔内剛 　類　外柔中剛、外円内方

15 [イ] 雲散霧消 　類　雲散鳥没、雲消雨散

読み

部首

熟語の構成

四字熟語

対義語・類義語

同音・同訓異字

誤字訂正

送りがな

書き取り

157

四字熟語⑥

:::::::::内のひらがなを**漢字**にして（1～10）に入れ、**四字熟語**を完成せよ。:::::::::内のひらがなは一度だけ使い、**漢字一字**で答えよ。また、11～15の**意味**にあてはまるものを**ア～コの四字熟語**から**一つ**選び、**記号**で答えよ。

□□ 1 ア 試行（ **1** ）誤 ［　　　］

□□ 2 イ 新進気（ **2** ） ［　　　］

□□ 3 ウ 無（ **3** ）自然 ［　　　］

□□ 4 エ 大（ **4** ）不敵 ［　　　］

□□ 5 オ 面目（ **5** ）如 ［　　　］

□□ 6 カ 表（ **6** ）一体 ［　　　］

□□ 7 キ 当意（ **7** ）妙 ［　　　］

□□ 8 ク 懇切丁（ **8** ） ［　　　］

□□ 9 ケ （ **9** ）望絶佳 ［　　　］

□□ 10 コ 順風満（ **10** ） ［　　　］

い
えい
さく
そく
たん
ちょう
ねい
ぱん
やく
り

□□ 11 見晴らしがすばらしいこと。 ［　　　］

□□ 12 配慮が隅々まで行き届いていること。 ［　　　］

□□ 13 その人らしさが生き生きと表れるさま。 ［　　　］

□□ 14 手を加えずあるがままに任せること。 ［　　　］

□□ 15 状況に応じて機転をきかせること。 ［　　　］

	標準解答	解 説
1	錯	試行錯誤：試みと失敗をくりかえしながら、適切な方法を見つけること。
2	鋭	新進気鋭：ある分野に新しく登場し、意気込みが盛んで将来性があること。
3	為	無為自然：手を加えずあるがままに任せること。
4	胆	大胆不敵：度胸があって恐れ驚かないこと。
5	躍	面目躍如：その人らしさが生き生きと表れるさま。
6	裏	表裏一体：二つのものが密接な関係にあること。
7	即	当意即妙：状況に応じて機転をきかせること。
8	寧	懇切丁寧：配慮が隅々まで行き届いていること。
9	眺	眺望絶佳：見晴らしがすばらしいこと。
10	帆	順風満帆：物事が全て順調に進んでいるさま。
11	ケ	眺望絶佳
12	ク	懇切丁寧
13	オ	面目躍如　類 面目一新
14	ウ	無為自然
15	キ	当意即妙

読み

部首

熟語の構成

四字熟語

対義語・類義語

同音・同訓異字

誤字訂正

送りがな

書き取り

159

四字熟語⑦

内のひらがなを**漢字**にして（1～10）に入れ、**四字熟語**を完成せよ。 内のひらがなは一度だけ使い、**漢字一字**で答えよ。また、11～15の**意味**にあてはまるものを**ア～コの四字熟語**から**一つ**選び、**記号**で答えよ。

□□ 1　ア　夏炉冬（　1　）　　　　　　〔　　　〕

□□ 2　イ　（　2　）牛充棟　　　　　　〔　　　〕

□□ 3　ウ　厚顔無（　3　）　　　　　　〔　　　〕

□□ 4　エ　主（　4　）転倒　　　　　　〔　　　〕

□□ 5　オ　快刀乱（　5　）　　　　　　〔　　　〕

□□ 6　カ　天衣無（　6　）　　　　　　〔　　　〕

□□ 7　キ　一言（　7　）句　　　　　　〔　　　〕

□□ 8　ク　公序良（　8　）　　　　　　〔　　　〕

□□ 9　ケ　喜色（　9　）面　　　　　　〔　　　〕

□□ 10　コ　疑心暗（　10　）　　　　　〔　　　〕

```
かく
かん
き
せん
ぞく
ち
はん
ほう
ま
まん
```

□□ 11　立場や順序が逆になること。　　　　　　　　　〔　　　〕

□□ 12　こじれた事柄を鮮やかに解決するさま。　　　　〔　　　〕

□□ 13　極めてずうずうしいさま。　　　　　　　　　　〔　　　〕

□□ 14　飾り気がなくありのままであること。　　　　　〔　　　〕

□□ 15　蔵書が非常に多いこと。　　　　　　　　　　　〔　　　〕

	標準解答	解 説
1	扇	夏炉冬扇：時期はずれで役に立たないもののたとえ。
2	汗	汗牛充棟：蔵書が非常に多いこと。
3	恥	厚顔無恥：極めてずうずうしいさま。
4	客	主客転倒：立場や順序が逆になること。
5	麻	快刀乱麻：こじれた事柄を鮮やかに解決するさま。
6	縫	天衣無縫：飾り気がなくありのままであること。
7	半	一言半句：ほんのわずかな言葉。
8	俗	公序良俗：公共の秩序と善良なしきたり・習慣のこと。
9	満	喜色満面：顔いっぱいに喜びの表情があふれている様子。
10	鬼	疑心暗鬼：疑いの心があると、全てに不安や恐怖を覚えるようになること。
11	エ	主客転倒
12	オ	快刀乱麻 類 一刀両断
13	ウ	厚顔無恥
14	カ	天衣無縫
15	イ	汗牛充棟

読み / 部首 / 熟語の構成 / 四字熟語 / 対義語・類義語 / 同音・同訓異字 / 誤字訂正 / 送りがな / 書き取り

161

四字熟語⑧

　　　内のひらがなを**漢字**にして（1～10）に入れ、**四字熟語**を完成せよ。　　　内のひらがなは一度だけ使い、**漢字一字**で答えよ。また、**11～15**の**意味**にあてはまるものを**ア～コ**の**四字熟語**から**一つ**選び、**記号**で答えよ。

□□ 1　ア　一（　1　）両得　　　　〔　　　〕

□□ 2　イ　感（　2　）無量　　　　〔　　　〕

□□ 3　ウ　（　3　）言令色　　　　〔　　　〕

□□ 4　エ　気（　4　）壮大　　　　〔　　　〕

□□ 5　オ　一（　5　）一憂　　　　〔　　　〕

□□ 6　カ　冠（　6　）葬祭　　　　〔　　　〕

□□ 7　キ　（　7　）止千万　　　　〔　　　〕

□□ 8　ク　無（　8　）徒食　　　　〔　　　〕

□□ 9　ケ　南（　9　）北馬　　　　〔　　　〕

□□ 10　コ　歌（　10　）音曲　　　〔　　　〕

い
う
がい
きょ
こう
こん
しょう
せん
ぶ

□□ 11　愛想をよくして人にこびへつらうこと。　〔　〕

□□ 12　何をするでもなく日を送ること。　〔　〕

□□ 13　非常にばかばかしいこと。　〔　〕

□□ 14　心構えが大きく、なみはずれていること。　〔　〕

□□ 15　あちこち忙しく旅を続けること。　〔　〕

	標準解答	解説
1	挙	一挙両得：一つのことをするだけで、同時に二つの利益が得られること。
2	慨	感慨無量：はかりしれないほど身にしみて感じること。
3	巧	巧言令色：愛想をよくして人にこびへつらうこと。
4	宇	気宇壮大：心構えが大きく、なみはずれていること。
5	喜	一喜一憂：状況の変化にしたがってそのつど、よろこんだり心配したりすること。
6	婚	冠婚葬祭：慶弔の儀式のこと。
7	笑	笑止千万：非常にばかばかしいこと。
8	為	無為徒食：何をするでもなく日を送ること。
9	船	南船北馬：あちこち忙しく旅を続けること。
10	舞	歌舞音曲：歌と踊りと音楽。
11	ウ	巧言令色
12	ク	無為徒食 類 酔生夢死、飽食終日
13	キ	笑止千万
14	エ	気宇壮大
15	ケ	南船北馬 類 東奔西走、東走西奔

読み / 部首 / 熟語の構成 / 四字熟語 / 対義語・類義語 / 同音・同訓異字 / 誤字訂正 / 送りがな / 書き取り

163

対義語・類義語①

次の1～5の**対義語**、6～10の**類義語**を[ ]内から選び、**漢字**で記せ。[ ]内の語は一度だけ使うこと。

□□ 1　供述　　　　　　　　　　　　　　[　　　　]

□□ 2　中庸　　　　　　　　　　　　　　[　　　　]

　　　　　　　　　　　いかく

□□ 3　堕落　　　　　きょくたん　　　　[　　　　]

対義語　　　　　　　　こうせい

□□ 4　機敏　　　　　すいい　　　　　　[　　　　]

　　　　　　　　　　　だきょう

□□ 5　服従　　　　　ちんちゃく　　　　[　　　　]

　　　　　　　　　　　ていこう

□□ 6　脅迫　　　　　どんじゅう　　　　[　　　　]

　　　　　　　　　　　もうしょ

□□ 7　変遷　　　　　もくひ　　　　　　[　　　　]

類義語

□□ 8　炎熱　　　　　　　　　　　　　　[　　　　]

□□ 9　泰然　　　　　　　　　　　　　　[　　　　]

□□ 10　譲歩　　　　　　　　　　　　　　[　　　　]

標準解答　　　　　　　　解　説

1 〔 黙秘 〕

供述：裁判官・検察官などの質問に対して、事実を述べること。
黙秘：だまって何も話さないこと。

2 〔 極端 〕

中庸：かたよらず調和がとれていること。
極端：行動や考えなどがひどくかたよっていること。

3 〔 更生 〕

堕落：品行が悪くなること。身をもちくずすこと。
更生：生活態度が悪い状態から立ち直ること。

4 〔 鈍重 〕

機敏：状況に応じての動きがすばやいこと。
鈍重：動きがにぶくて反応が遅いさま。

5 〔 抵抗 〕

服従：他人の意志や命令にしたがうこと。
抵抗：外部の圧力に対してさからうこと。

6 〔 威嚇 〕

脅迫：他人にあることを行わせようと、おどしつけること。
威嚇：おどしつけること。

7 〔 推移 〕

変遷：時間の経過とともにうつり変わること。
推移：時の経過とともに状態が変化すること。

8 〔 猛暑 〕

炎熱：焼けつくような真夏の厳しいあつさ。
猛暑：非常に厳しい夏のあつさのこと。

9 〔 沈着 〕

泰然：落ちつきはらって、物事に動じないさま。
沈着：あわてないさま。

10 〔 妥協 〕

譲歩：自分の主張を曲げて、他の意見を受け入れること。
妥協：双方が譲り合い一致点を見つけること。

読み

部首

熟語の構成

四字熟語

対義語・類義語

同音・同訓異字

誤字訂正

送りがな

書き取り

165

対義語・類義語②

次の**1～5の対義語**、**6～10の類義語**を_____内から選び、
漢字で記せ。_____内の語は一度だけ使うこと。

☐☐ 1 　　　緩慢　　　　　　　　　　　[　　]

☐☐ 2 　　　厳格　　　　　　　　　　　[　　]

☐☐ 3 　対　削除　　　あいとう　　　[　　]
　　　　義
☐☐ 4 　語　不足　　　かいにゅう　　[　　]
　　　　　　　　　　　かじょう
☐☐ 5 　　　慶賀　　　かんよう　　　[　　]
　　　　　　　　　　　じんそく
☐☐ 6 　　　将来　　　ぜんと　　　　[　　]
　　　　　　　　　　　だとう
☐☐ 7 　　　懇切　　　ていちょう　　[　　]
　　　　類
☐☐ 8 　義　干渉　　　てんか　　　　[　　]
　　　　語
☐☐ 9 　　　看過　　　もくにん　　　[　　]

☐☐ 10 　　　適切　　　　　　　　　　[　　]

標準解答　　解　説

右端縦タブ: 読み　部首　熟語の構成　四字熟語　対義語・類義語　同音・同訓異字　誤字訂正　送りがな　書き取り

1 **迅速**
緩慢：動作などがおそいさま。
迅速：すばやい様子。

2 **寛容**
厳格：不正や怠慢などを許さず、厳しくするさま。
寛容：心が広くて人を厳しくとがめないこと。

3 **添加**
削除：文章などの一部を取り去ること。
添加：別のものをくわえること。

4 **過剰**
不足：足りないこと。欠けていること。
過剰：必要以上に多いこと。

5 **哀悼**
慶賀：めでたい事柄をよろこび祝うこと。
哀悼：死を悲しみいたむこと。

6 **前途**
将来：これから先。
前途：これから先の人生。

7 **丁重**
懇切：心を尽くし、行き届いて親切なさま。
丁重：礼儀が正しく手厚いさま。

8 **介入**
干渉：他人のことに立ちいること。
介入：第三者が争いなどの間にはいること。

9 **黙認**
看過：あやまちや不正などを大目にみて、見逃すこと。
黙認：あやまちをそのまま見逃すこと。

10 **妥当**
適切：ぴったりあてはまるさま。
妥当：物事の実情にあてはまり、適切なこと。

対義語・類義語③

次の1～5の**対義語**、6～10の**類義語**を [____] 内から選び、**漢字**で記せ。[____] 内の語は一度だけ使うこと。

☐☐ 1		怠惰	[ ]
☐☐ 2		特殊	[ ]
☐☐ 3	対義語	寡黙	[ ]
☐☐ 4		中枢	[ ]
☐☐ 5		逸材	[ ]
☐☐ 6		忍耐	[ ]
☐☐ 7		酌量	[ ]
☐☐ 8	類義語	奔走	[ ]
☐☐ 9		紛糾	[ ]
☐☐ 10		殊勲	[ ]

[____]
がまん
きんべん
こうりょ
こんらん
じんりょく
たべん
てがら
ふへん
ぼんさい
まったん

標準解答　　解　説

読み　部首　熟語の構成　四字熟語　**対義語・類義語**　同音・同訓異字　誤字訂正　送りがな　書き取り

1 [勤勉]
怠惰：するべきことをしないで、だらしのないこと。
勤勉：仕事や勉強にはげむさま。

2 [普遍]
特殊：ふつうとちがうこと。
普遍：広く全体にあてはまること。

3 [多弁]
寡黙：くちかずの少ないこと。
多弁：くちかずがおおいこと。

4 [末端]
中枢：物事の中心。
末端：物事の中心から遠くはなれた場所。

5 [凡才]
逸材：すぐれた能力をもつ人。
凡才：特にすぐれた能力のない人。

6 [我慢]
忍耐：じっと耐え忍ぶこと。
我慢：耐え忍ぶこと。

7 [考慮]
酌量：刑罰を決めるにあたって、事情をよくみとること。
考慮：あれこれよくかんがえること。

8 [尽力]
奔走：物事がうまく運ぶよう、走り回って努力すること。
尽力：ある物事のためちからをつくすこと。

9 [混乱]
紛糾：物事がみだれもつれること。
混乱：入りみだれて、まとまりがなくなること。

10 [手柄]
殊勲：特別によい成績。
手柄：人からほめられるような立派なはたらき。

169

対義語・類義語④

次の1～5の**対義語**、6～10の**類義語**を □□□ 内から選び、**漢字**で記せ。 □□□ 内の語は一度だけ使うこと。

□□ 1		高尚	〔　　　〕
□□ 2		希釈	〔　　　〕
□□ 3	対義語	凡庸	〔　　　〕
□□ 4		恭順	〔　　　〕
□□ 5		蓄積	〔　　　〕
□□ 6		貢献	〔　　　〕
□□ 7		猶予	〔　　　〕
□□ 8	類義語	屈指	〔　　　〕
□□ 9		発祥	〔　　　〕
□□ 10		顕著	〔　　　〕

いだい
えんき
きげん
きよ
しょうもう
ていぞく
のうしゅく
ばつぐん
はんこう
れきぜん

（標準解答）　　　（解　説）

	標準解答	解説
1	低俗	高尚：上品でけだかい様子。 低俗：下品で卑しいさま。
2	濃縮	希釈：溶液に水などの溶媒を加えて薄めること。 濃縮：溶液の成分の割合を高めること。
3	偉大	凡庸：すぐれたところがないこと。 偉大：すぐれていてりっぱなさま。
4	反抗	恭順：つつしんでしたがうこと。 反抗：相手に歯向かうこと。
5	消耗	蓄積：たくわえていくこと。 消耗：使って減らすこと。
6	寄与	貢献：物事や社会のために力を尽くして、役に立つこと。 寄与：社会のために役立つこと。
7	延期	猶予：実行の日時を先のばしすること。 延期：予定していた日時を先のばしにすること。
8	抜群	屈指：多くのものの中で、特に指を折って数えあげるほどすぐれていること。 抜群：多くの中でとびぬけてすぐれていること。
9	起源 （起原）	発祥：物事がおこり始まること。 起源（起原）：おこり。始まり。
10	歴然	顕著：他と比べていちじるしく目立つさま。 歴然：はっきりしているさま。

読み　部首　熟語の構成　四字熟語　**対義語・類義語**　同音・同訓異字　誤字訂正　送りがな　書き取り

171

対義語・類義語⑤

次の 1 ～ 5 の**対義語**、6 ～ 10 の**類義語**を........内から選び、
漢字で記せ。........内の語は一度だけ使うこと。

□□ 1		絶滅	[ ]
□□ 2		騰貴	[ ]
□□ 3	対義語	仙境	[ ]
□□ 4		恥辱	[ ]
□□ 5		幼稚	[ ]
□□ 6		安眠	[ ]
□□ 7		監禁	[ ]
□□ 8	類義語	看護	[ ]
□□ 9		長者	[ ]
□□ 10		丁寧	[ ]

かいほう
げらく
じゅくすい
ぞっかい
たんねん
はんしょく
ふごう
めいよ
ゆうへい
ろうれん

標準解答　　　　解　説

1 繁殖

絶滅：滅びてなくなること。
繁殖：生物が生まれ増えていくこと。

2 下落

騰貴：物価や相場が高くなること。
下落：株価や物価などがさがること。

3 俗界

仙境：世間を離れた清らかな場所。
俗界：一般の人が住むわずらわしい世の中。

4 名誉

恥辱：はずかしめ。
名誉：ほまれ。

5 老練

幼稚：考えや方法が未熟であること。
老練：経験豊かでたくみなこと。

6 熟睡

安眠：やすらかによくねむること。
熟睡：ぐっすりとねむること。

7 幽閉

監禁：とじこめて行動の自由をうばうこと。
幽閉：とじこめて外に出られなくすること。

8 介抱

看護：病人やけが人の世話や手当てをすること。
介抱：病人などの面倒をみること。

9 富豪

長者：大金持ち。
富豪：財産家。

10 丹念

丁寧：細かいところまで気をつけているさま。
丹念：細かいところまで注意を払うさま。

対義語・類義語⑥

次の1～5の**対義語**、6～10の**類義語**を[____]内から選び、**漢字**で記せ。[____]内の語は一度だけ使うこと。

		選択肢	解答欄
☐☐ 1	拘束		[ ]
☐☐ 2	漠然		[ ]
☐☐ 3	清浄		[ ]
☐☐ 4	召還		[ ]
☐☐ 5	売却		[ ]
☐☐ 6	互角		[ ]
☐☐ 7	平穏		[ ]
☐☐ 8	対価		[ ]
☐☐ 9	抵当		[ ]
☐☐ 10	邸宅		[ ]

対義語 (1～5) / 類義語 (6～10)

あんねい
おだく
こうにゅう
しゃくほう
せんめい
たんぽ
はくちゅう
はけん
ほうしゅう
やしき

（標準解答）　　　　　（解　説）

1 [釈放]
拘束：身柄をおさえ、束縛すること。
釈放：拘束されている人を自由にすること。

2 [鮮明]
漠然：とりとめがなく、はっきりしないさま。
鮮明：はっきりしているさま。

3 [汚濁]
清浄：けがれがないさま。
汚濁：よごれていること。

4 [派遣]
召還：おもむかせた人を呼び返すこと。
派遣：任務のため、その場へ行かせること。

5 [購入]
売却：売り払うこと。
購入：買うこと。

6 [伯仲]
互角：優劣のない状態。
伯仲：優劣がつけにくい状態。

7 [安寧]
平穏：穏やかで、とりたてて変わりがないこと。
安寧：平穏無事なこと。

8 [報酬]
対価：財産・労力などの見返りとして受け取るもの。
報酬：労働などに対して給付される金品。

9 [担保]
抵当：借金が返せない場合のため、借り手が差し出す財産や権利。
担保：債権を保証するために提供されるもの。

10 [屋敷]
邸宅：りっぱで大きな家。
屋敷：構えが大きくりっぱな家。

読み / 部首 / 熟語の構成 / 四字熟語 / **対義語・類義語** / 同音・同訓異字 / 誤字訂正 / 送りがな / 書き取り

175

対義語・類義語⑦

次の1〜5の**対義語**、6〜10の**類義語**を[.........]内から選び、**漢字**で記せ。[.........]内の語は一度だけ使うこと。

☐☐ 1		衰微	[　　　　]
☐☐ 2		個別	[　　　　]
☐☐ 3	対義語	哀悼	[　　　　]
☐☐ 4		秩序	[　　　　]
☐☐ 5		理論	[　　　　]
☐☐ 6		真髄	[　　　　]
☐☐ 7		道徳	[　　　　]
☐☐ 8	類義語	周辺	[　　　　]
☐☐ 9		手本	[　　　　]
☐☐ 10		野卑	[　　　　]

いっせい
きんりん
ごくい
こんらん
じっせん
しゅくが
ていぞく
はんえい
もはん
りんり

標準解答　　　　　解　説

1　[繁栄]
衰微：おとろえて弱まること。
繁栄：著しく発展すること。

2　[一斉]
個別：それぞれ別々に。
一斉：そろって同時に。

3　[祝賀]
哀悼：人の死をかなしみいたむこと。
祝賀：よろこびいわうこと。

4　[混乱]
秩序：物事の正しい順序。
混乱：入りみだれて、まとまりがなくなること。

5　[実践]
理論：原理・原則に基づき、筋道にしたがって組み立てられた考え。
実践：想像や理論ではなく、本当に行うこと。

6　[極意]
真髄：物事のもっとも重要なところ。
極意：学問や芸術の核心となる重要な事柄。

7　[倫理]
道徳：人が守るべき行為の規準となるもの。
倫理：人として守るべき道。

8　[近隣]
周辺：もののまわりのこと。
近隣：ごくちかい場所。

9　[模範]
手本：見習うべき人や行い。
模範：見習うべきやり方。

10　[低俗]
野卑：言動がいやしいこと。
低俗：程度がひくく、悪趣味なさま。

読み

部首

熟語の構成

四字熟語

対義語・類義語

同音・同訓異字

誤字訂正

送りがな

書き取り

177

対義語・類義語⑧

次の1～5の**対義語**、6～10の**類義語**を[____]内から選び、**漢字**で記せ。[____]内の語は一度だけ使うこと。

<table>
<tr><td rowspan="5">対義語</td><td>□□ 1</td><td>拾得</td><td>[   ]</td></tr>
<tr><td>□□ 2</td><td>疎略</td><td>[   ]</td></tr>
<tr><td>□□ 3</td><td>卑下</td><td>[   ]</td></tr>
<tr><td>□□ 4</td><td>隆起</td><td>[   ]</td></tr>
<tr><td>□□ 5</td><td>遠方</td><td>[   ]</td></tr>
<tr><td rowspan="5">類義語</td><td>□□ 6</td><td>永遠</td><td>[   ]</td></tr>
<tr><td>□□ 7</td><td>盲点</td><td>[   ]</td></tr>
<tr><td>□□ 8</td><td>陳列</td><td>[   ]</td></tr>
<tr><td>□□ 9</td><td>順次</td><td>[   ]</td></tr>
<tr><td>□□ 10</td><td>横領</td><td>[   ]</td></tr>
</table>

いしつ
きんりん
こうきゅう
しかく
じまん
ちくじ
ちゃくふく
ちんこう
ていちょう
てんじ

標準解答　　　解　説

1 [遺失]
拾得：落ちている物を拾い取ること。
遺失：落とし物や忘れ物。

2 [丁重]
疎略：いいかげんなこと。
丁重：扱いがていねいであること。

3 [自慢]
卑下：劣っているものとして、自分をいやしめること。
自慢：自分で自分をほめて他に誇ること。

4 [沈降]
隆起：高く盛り上がること。
沈降：しずんで低くなること。

5 [近隣]
遠方：遠いところ。
近隣：ごくちかい場所。

6 [恒久]
永遠：いつまでもながく果てしないこと。
恒久：いつまでも変わらないこと。

7 [死角]
盲点：意外と気づかずに見落としている部分。
死角：見通しがきかない範囲。

8 [展示]
陳列：人に見せるために品物を並べること。
展示：作品や商品などを並べて一般に見せること。

9 [逐次]
順次：順を追ってすること。
逐次：順を追ってつぎつぎと。

10 [着服]
横領：横取りすること。
着服：金品を不当に自分のものにすること。

読み / 部首 / 熟語の構成 / 四字熟語 / **対義語・類義語** / 同音・同訓異字 / 誤字訂正 / 送りがな / 書き取り

179

対義語・類義語⑨

次の 1 ～ 5 の**対義語**、6 ～ 10 の**類義語**を 内から選び、
漢字で記せ。 内の語は一度だけ使うこと。

□□ 1　一括　　　　　　　　　　　[　　　　]

□□ 2　凝固　　　　　　　　　　　[　　　　]

□□ 3　優良　　　　　　　　　　　[　　　　]

□□ 4　罷免　　　　　　　　　　　[　　　　]

□□ 5　親切　　　　　　　　　　　[　　　　]

対義語

がんきょう
けいりゃく
じょうよ
じょきょ
しんさん
にんめい
ぶんかつ
ゆうかい
れいたん
れつあく

□□ 6　策謀　　　　　　　　　　　[　　　　]

□□ 7　困苦　　　　　　　　　　　[　　　　]

□□ 8　余分　　　　　　　　　　　[　　　　]

□□ 9　丈夫　　　　　　　　　　　[　　　　]

□□ 10　抹消　　　　　　　　　　　[　　　　]

類義語

標準解答 | 解説

1 [分割] 一括：ひとまとめに扱うこと。
分割：いくつかにわけて扱うこと。

2 [融解] 凝固：液体が固体に変化する現象。
融解：固体が液体に変化する現象。

3 [劣悪] 優良：すぐれていること。
劣悪：程度が低く質がわるいこと。

4 [任命] 罷免：公務員の職務を辞めさせること。
任命：官職につくようめいじること。

5 [冷淡] 親切：情にあついこと。
冷淡：人間的なあたたかみに欠けること。

6 [計略] 策謀：はかりごと。
計略：目標を達成するためのはかりごと。

7 [辛酸] 困苦：生活に困り苦しむこと。
辛酸：つらく苦しい思い。

8 [剰余] 余分：あまった分。
剰余：あまり。

9 [頑強] 丈夫：健康で達者であるさま。
頑強：がっしりして力づよいさま。

10 [除去] 抹消：消してのぞくこと。
除去：取りのぞくこと。

対義語・類義語⑩

次の1～5の**対義語**、6～10の**類義語**を◻️内から選び、**漢字**で記せ。◻️内の語は一度だけ使うこと。

□□ 1		重厚		[ ]
□□ 2		粗雑		[ ]
□□ 3	対義語	油断	きゃっか けいかい けいはく こうひょう しょうちん せいきょ たいりゃく はんえい めんみつ もくさつ	[ ]
□□ 4		詳細		[ ]
□□ 5		受理		[ ]
□□ 6		隆盛		[ ]
□□ 7		無視		[ ]
□□ 8	類義語	披露		[ ]
□□ 9		他界		[ ]
□□ 10		落胆		[ ]

1回目	2回目
／10問	／10問

	標準解答	解　説
1	軽薄	重厚（じゅうこう）：重々しくどっしりと落ち着いていること。 軽薄（けいはく）：落ち着きがなく浮いていること。
2	綿密	粗雑（そざつ）：おおざっぱで、いいかげんなこと。 綿密（めんみつ）：細部まで注意が行き届いていること。
3	警戒	油断（ゆだん）：気を許して注意をおこたること。 警戒（けいかい）：危険に備えてあらかじめ注意すること。
4	大略	詳細（しょうさい）：くわしく細かいこと。 大略（たいりゃく）：おおまかな内容。
5	却下	受理（じゅり）：書類などを受け取ること。 却下（きゃっか）：願いや訴えを退けること。
6	繁栄	隆盛（りゅうせい）：勢いが盛んなこと。 繁栄（はんえい）：著しく発展すること。
7	黙殺	無視（むし）：現にあるものを、ないように扱うこと。 黙殺（もくさつ）：無視して相手にしないこと。
8	公表	披露（ひろう）：広く世間に、知らせたり見せたりすること。 公表（こうひょう）：おおやけに知らせること。
9	逝去	他界（たかい）：人が死ぬこと。 逝去（せいきょ）：人の死を敬って言う語。
10	消沈	落胆（らくたん）：がっかりして気力を失うこと。 消沈（しょうちん）：気力が衰えること。

読み

部首

熟語の構成

四字熟語

対義語・類義語

同音・同訓異字

誤字訂正

送りがな

書き取り

183

同音・同訓異字①

次の──線の**カタカナ**を**漢字**に直せ。

☐☐ 1 <u>カッ</u>色の荒野が広がっている。　　［　　　］

☐☐ 2 <u>カッ</u>期的な新商品を開発する。　　［　　　］

☐☐ 3 外国の船<u>パク</u>が入港する。　　　　［　　　］

☐☐ 4 緊<u>パク</u>した試合展開になる。　　　［　　　］

☐☐ 5 懸<u>スイ</u>で上半身をきたえる。　　　［　　　］

☐☐ 6 十分な<u>スイ</u>眠が取れていない。　　［　　　］

☐☐ 7 本<u>モウ</u>をとげられて幸せだ。　　　［　　　］

☐☐ 8 都市部は交通<u>モウ</u>が発達している。　［　　　］

☐☐ 9 思わぬ苦戦を<u>シ</u>いられる。　　　　［　　　］

☐☐ 10 部屋にカーペットを<u>シ</u>く。　　　　［　　　］

標準解答 ・ 解 説

1 [褐] 　_{かっしょく}褐色：黒みがかった茶色。

2 [画] 　_{かっきてき}画期的：新時代を開くさま。

3 [舶] 　_{せんぱく}船舶：大型のふね。

4 [迫] 　_{きんぱく}緊迫：状況などが差しせまっていること。

5 [垂] 　_{けんすい}懸垂：鉄棒にぶら下がり、腕を屈伸させて体を上げ下げする運動。

6 [睡] 　_{すいみん}睡眠：ねむること。

7 [望] 　_{ほんもう}本望：長く抱いていたのぞみ。

8 [網] 　_{こうつうもう}交通網：各種の移動手段が縦横に通じていること。

9 [強] 　_し強いる：無理やりやらせる。

10 [敷] 　_し敷く：平らに広げる。

読み 部首 熟語の構成 四字熟語 対義語・類義語 同音・同訓異字 誤字訂正 送りがな 書き取り

185

同音・同訓異字②

次の──線の**カタカナ**を**漢字**に直せ。

1 営利目的の誘**カイ**事件だった。 [　　　]

2 都市から農村に疎**カイ**する。 [　　　]

3 災害に備え食料を備**チク**する。 [　　　]

4 戦況を**チク**次報告する。 [　　　]

5 少年の純**スイ**な行動が胸を打つ。 [　　　]

6 華麗な舞いに陶**スイ**する。 [　　　]

7 時間に余**ユウ**をもって家を出る。 [　　　]

8 国の英**ユウ**としてあがめられる。 [　　　]

9 古いビルを**コワ**して建て替える。 [　　　]

10 **コワ**色を変えて話す。 [　　　]

（標準解答）　　　（解　説）

1	拐	誘拐（ゆうかい）：人をだまして連れ去ること。	読み
2	開	疎開（そかい）：戦災を逃れるため地方に移動すること。	部首
3	蓄	備蓄（びちく）：万一のことを考え、大切にためておくこと。	熟語の構成
4	逐	逐次（ちくじ）：順を追ってつぎつぎと。	四字熟語
5	粋	純粋（じゅんすい）：利害やかけひきがないこと。	対義語・類義語
6	酔	陶酔（とうすい）：芸術などに心を奪われること。	同音・同訓異字
7	裕	余裕（よゆう）：ゆとりのあること。	誤字訂正
8	雄	英雄（えいゆう）：常人にはできないことを成し遂げた人物。	送りがな
9	壊	壊す（こわす）：本来の形をくずす。	書き取り
10	声	声色（こわいろ）：こえの調子。	

187

同音・同訓異字③

次の――線の**カタカナ**を**漢字**に直せ。

□□ 1 蛍<u>セツ</u>の功成って試験に合格する。 〔　　　　〕

□□ 2 稚<u>セツ</u>な文章で読むにたえない。 〔　　　　〕

□□ 3 何かが<u>フ</u>臭を放っている。 〔　　　　〕

□□ 4 長男が両親を<u>フ</u>養している。 〔　　　　〕

□□ 5 映画監<u>トク</u>として活躍する。 〔　　　　〕

□□ 6 <u>トク</u>名で投書する。 〔　　　　〕

□□ 7 医<u>リョウ</u>従事者になりたい。 〔　　　　〕

□□ 8 祖父は度<u>リョウ</u>の広い人物だ。 〔　　　　〕

□□ 9 遊び<u>ツカ</u>れて眠っている。 〔　　　　〕

□□ 10 朝廷に<u>ツカ</u>える。 〔　　　　〕

標準解答　　　　解　説

1　[雪]
蛍雪：苦労して勉学に励むこと。
✎「蛍雪の功」は「苦労して勉学に励んだ成果」という意味。

2　[拙]
稚拙：未熟で下手なこと。

3　[腐]
腐臭：くさったものが出すにおい。

4　[扶]
扶養：生活の面倒を見ること。

5　[督]
監督：物事を取り締まる人。

6　[匿]
匿名：本当のなまえをかくすこと。

7　[療]
医療：けがや病気を治すこと。

8　[量]
度量：他人の言動を受け入れるおおらかな心。

9　[疲]
疲れる：体力を消耗して元気がなくなる。

10　[仕]
仕える：役所につとめる。

読み

部首

熟語の構成

四字熟語

対義語・類義語

同音・同訓異字

誤字訂正

送りがな

書き取り

同音・同訓異字④

次の——線の**カタカナ**を**漢字**に直せ。

1 <u>ソ</u>外感を抱かずにいられない。　　[　　]

2 災害に備え万全の<u>ソ</u>置を講じる。　　[　　]

3 碁<u>バン</u>に碁石を並べる。　　[　　]

4 野<u>バン</u>な振る舞いはやめなさい。　　[　　]

5 味に<u>ドン</u>感な人だ。　　[　　]

6 このところ<u>ドン</u>天続きだ。　　[　　]

7 急な出来事に動<u>ヨウ</u>する。　　[　　]

8 ラジオから古い歌<u>ヨウ</u>曲が流れる。　　[　　]

9 <u>スミ</u>火で焼かれたウナギを食べる。　　[　　]

10 ふすまに立派な<u>スミ</u>絵を描く。　　[　　]

標準解答　　　解　説

1	疎	疎外（そがい）：のけものにすること。	
2	措	措置（そち）：解決のため必要な手続きをすること。	
3	盤	碁盤（ごばん）：縦横に線を引いた囲碁に使う台。	
4	蛮	野蛮（やばん）：不作法で乱暴なさま。	
5	鈍	鈍感（どんかん）：感覚がにぶいさま。	
6	曇	曇天（どんてん）：くもり空。	
7	揺	動揺（どうよう）：不安で心が落ち着かないさま。	
8	謡	歌謡（かよう）：節をつけてうたう歌の総称。	
9	炭	炭火（すみび）：木材を蒸し焼きにした燃料から出る火。	
10	墨	墨絵（すみえ）：書画に用いる黒い液で描いた絵画。	

読み

部首

熟語の構成

四字熟語

対義語・類義語

同音・同訓異字

誤字訂正

送りがな

書き取り

同音・同訓異字⑤

次の——線の**カタカナ**を**漢字**に直せ。

□□ 1 祖父が**タン**精して育てた盆栽だ。 [　　　]

□□ 2 釈放を**タン**願する。 [　　　]

□□ 3 友人と祝福の**ホウ**擁を交わす。 [　　　]

□□ 4 敵軍に**ホウ**火を浴びせる。 [　　　]

□□ 5 プロに**ヒッ**敵する実力だ。 [　　　]

□□ 6 新聞記者が**ヒッ**禍にあう。 [　　　]

□□ 7 念願の優勝を果たし感**ルイ**にむせぶ。 [　　　]

□□ 8 わずらわしい係**ルイ**を断つ。 [　　　]

□□ 9 応援の旗を**フ**る。 [　　　]

□□ 10 病の床に**フ**す。 [　　　]

標準解答	解 説

1 [丹]　丹精：何かに心をこめて取り組むこと。

2 [嘆]　嘆願：心から頼むこと。

3 [抱]　抱擁：だきかかえること。

4 [砲]　砲火：攻撃で用いるほう弾。

5 [匹]　匹敵：能力や価値などが同じくらいにあること。

6 [筆]　筆禍：自分が書いた文章によって受ける非難や制裁など。

7 [涙]　感涙：心を動かされて泣くこと。

8 [累]　係累：心身の自由を奪う家族や親族。

9 [振]　振る：ゆり動かす。

10 [伏]　伏す：横になる。

読み

部首

熟語の構成

四字熟語

対義語・類義語

同音・同訓異字

誤字訂正

送りがな

書き取り

誤字訂正①

次の各文にまちがって使われている**同じ読みの漢字**が**一字**ある。
誤字と、**正しい漢字**を答えよ。

誤　　正

□ 1　甘い歌声で人々を魅良した歌手の自
□ 　伝が出版された。　　　　　　　　　[ ]→[ ]

□ 2　宿場町として栄えた町の歴史的建造
□ 　物を宣伝して、観光客の融致を図る。　[ ]→[ ]

□ 3　自動車に車線逸脱抑成機能を搭載す
□ 　れば交通事故の減少につながる。　　[ ]→[ ]

□ 4　高齢者への健康指導で体力の依持を
□ 　促し、寿命を延ばす活動を行う。　　[ ]→[ ]

□ 5　学生の就職を支縁するために講座を
□ 　開く大学が多い。　　　　　　　　　[ ]→[ ]

□ 6　大きな建物をふき飛ばした爆薬の破
□ 　戒力にみんな驚いた。　　　　　　　[ ]→[ ]

□ 7　動物園から脱走した猿を保獲するた
□ 　め、関係者が懸命に捜索した。　　　[ ]→[ ]

□ 8　この医院は対応がよく、待合室では
□ 　いつも多くの看者が待っている。　　[ ]→[ ]

□ 9　古噴の石室内に極彩色の壁画が発見
□ 　され、保存事業が行われる。　　　　[ ]→[ ]

□ 10　ごみが増加して消却施設が不足し、
□ 　自治体は対策に苦慮している。　　　[ ]→[ ]

標準解答　　　　　解　説

誤　　正

1 [良]→[了]　魅了：人の心をひきつけ、夢中にさせること。

2 [融]→[誘]　誘致：すすめて、ある場所へ呼び寄せること。

3 [成]→[制]　抑制：勢いをおさえとどめること。

4 [依]→[維]　維持：同じ状態に保つこと。

5 [縁]→[援]　支援：力を貸してささえること。

6 [戒]→[壊]　破壊：強い力でこわすこと。

7 [保]→[捕]　捕獲：つかまえること。

8 [看]→[患]　患者：病人やけが人。

9 [噴]→[墳]　古墳：土を盛り上げて作る古代の墓。

10 [消]→[焼]　焼却：燃やし捨てること。

読み

部首

熟語の構成

四字熟語

対義語・類義語

同音・同訓異字

誤字訂正

送りがな

書き取り

195

誤字訂正②

次の各文にまちがって使われている**同じ読み**の漢字が**一字**ある。
誤字と、**正しい漢字**を答えよ。

誤　　正

□□ 1　体に負担の少ない自然食品の開発と
普久に力を注いでいる。　　　　　　〔　〕→〔　〕

□□ 2　砂浜は潮日狩りに興じる家族で混雑
し、近隣住民は騒音被害を訴えた。　〔　〕→〔　〕

□□ 3　欧州産ワインの関税が徹廃され、消
費者に低価格で届くようになった。　〔　〕→〔　〕

□□ 4　政府は体外受精など不認治療に公的
医療保険の適用を決定した。　　　　〔　〕→〔　〕

□□ 5　外国の企業が開発した新技術を苦使
して、超高層ビルを建設する。　　　〔　〕→〔　〕

□□ 6　適度な運動を契続して筋力をつける
と、脂肪を減らす効果が期待できる。〔　〕→〔　〕

□□ 7　温暖化に伴う海温上昇で漁獲量が減
少し、漁師は深刻な打激を受けている。〔　〕→〔　〕

□□ 8　災害により被害が出た国に日本の医
師団が緊急援助隊として派件された。〔　〕→〔　〕

□□ 9　審判の判定に不満を持った監督が激
しく巧議した結果、退場を命じられた。〔　〕→〔　〕

□□ 10　機体の異常を感知した航空機が緊急着
陸するため、滑走路は一時閉査された。〔　〕→〔　〕

196

標準解答

解 説

誤　正

1 [久]→[及] 普及：広くゆきわたること。

2 [日]→[干] 潮干狩り：潮が引いた浜で貝をとること。

3 [徹]→[撤] 撤廃：従来の決まりなどを取りやめること。

4 [認]→[妊] 不妊：子を授からないこと。

5 [苦]→[駆] 駆使：自由に使いこなすこと。

6 [契]→[継] 継続：その状態を続けること。

7 [激]→[撃] 打撃：あることの影響でうける損害。

8 [件]→[遣] 派遣：任務を与えて人を差し向けること。

9 [巧]→[抗] 抗議：相手の不当な言動に対し、反対の意見や要求を主張すること。

10 [査]→[鎖] 閉鎖：出入りぐちなどをとじること。

読み

部首

熟語の構成

四字熟語

対義語・類義語

同音・同訓異字

誤字訂正

送りがな

書き取り

197

誤字訂正③

次の各文にまちがって使われている**同じ読みの漢字**が**一字**ある。
誤字と、**正しい漢字**を答えよ。

誤　　正

□ 1　工場に隣接する港に資材を漫載した
□ 　　貨物船が着いた。　　　　　　　　　[　]→[　]

□ 2　貴重な文化財の経典にかびが発生し
□ 　　た原因は、空調設備の老旧化だった。[　]→[　]

□ 3　猛暑の影響で電力受要の増大が予想
□ 　　され、深刻な電力不足が懸念される。[　]→[　]

□ 4　深夜の循回で侵入者を発見し、直ち
□ 　　に警察へ通報した。　　　　　　　　[　]→[　]

□ 5　業務上横領の疑いで起疎された被告
□ 　　は、懲役刑を求刑された。　　　　　[　]→[　]

□ 6　抗菌加工がされている製品は、細菌
□ 　　の増触を抑えることができる。　　　[　]→[　]

□ 7　山菜には活性酸素を徐去する物質が
□ 　　含まれ、健康増進効果が期待される。[　]→[　]

□ 8　救急車で病院に搬送されたが、入院
□ 　　を要しない軽症と審断される。　　　[　]→[　]

□ 9　避難訓練等の日常の備えが、災害時
□ 　　の尽速な行動につながる。　　　　　[　]→[　]

□ 10　最新の赤外線望遠鏡が、四十億光年
□ 　　以上離れた銀河を繊明にとらえた。　[　]→[　]

標準解答　　　　　　解説

誤　　正

1 [漫]→[満]　満載：人や物をいっぱいに積むこと。

2 [旧]→[朽]　老朽化：古くなり役に立たなくなること。

3 [受]→[需]　需要：物を買い求める動き。

4 [循]→[巡]　巡回：見まわること。

5 [疎]→[訴]　起訴：検察官が裁判所に裁判を求めること。

6 [触]→[殖]　増殖：ふえること。ふやすこと。

7 [徐]→[除]　除去：取りのぞくこと。

8 [審]→[診]　診断：医師が患者の状態を見極めること。

9 [尽]→[迅]　迅速：すばやい様子。

10 [繊]→[鮮]　鮮明：はっきりしているさま。

読み

部首

熟語の構成

四字熟語

対義語・類義語

同音・同訓異字

誤字訂正

送りがな

書き取り

誤字訂正④

次の各文にまちがって使われている**同じ読みの漢字**が**一字**ある。
誤字と、**正しい漢字**を答えよ。

誤　　正

□□ 1　新たな病原体への有効な治療薬を国内メーカーが開発し、臨症試験に入る。　〔　〕→〔　〕

□□ 2　海外の交響楽団の演奏中に会場が突如停電し、場内が争然となった。　〔　〕→〔　〕

□□ 3　登山者からの通報を受け、山岳救助隊が遭難者の捜策に向かう。　〔　〕→〔　〕

□□ 4　高度な技術力が必要な作業をこなし、それに見合った報収を受け取る。　〔　〕→〔　〕

□□ 5　老後に悠々自適の生活ができる貯築額を試算する。　〔　〕→〔　〕

□□ 6　致死率の高い感染症が流行している国への途航を控えるよう呼び掛ける。　〔　〕→〔　〕

□□ 7　段差で転踏して足を骨折し、松葉づえでの生活を余儀なくされる。　〔　〕→〔　〕

□□ 8　旅先での事故や逃難に遭った際の補償がある海外旅行保険に加入した。　〔　〕→〔　〕

□□ 9　白熱した試合を繰り広げたサッカー選手同上が互いの健投をたたえ合った。　〔　〕→〔　〕

□□ 10　資材を運般中のトラックは横転を防ぐために、事故に遭った軽車両を避けた。　〔　〕→〔　〕

1回目	2回目
／10問	／10問

標準解答
誤　正

解　説

読み

部首

熟語の構成

四字熟語

対義語・類義語

同音・同訓異字

誤字訂正

送りがな

書き取り

1 [症]→[床]　臨床：患者に接して診療すること。

2 [争]→[騒]　騒然：さわがしいさま。

3 [策]→[索]　捜索：さがし求めること。

4 [収]→[酬]　報酬：労働などに対する見返りの金品。

5 [築]→[蓄]　貯蓄：金銭などをたくわえること。

6 [途]→[渡]　渡航：海を越えて外国へ行くこと。

7 [踏]→[倒]　転倒：ころんでたおれること。

8 [逃]→[盗]　盗難：金品をぬすまれること。

9 [投]→[闘]　健闘：よくたたかうこと。

10 [般]→[搬]　運搬：人や物をはこぶこと。

誤字訂正⑤

次の各文にまちがって使われている**同じ読みの漢字**が**一字**ある。
誤字と、**正しい漢字**を答えよ。

誤　　正

☐☐ 1　突風が吹いた場合には頑丈な建物に
　　　駆け込むなど迅速な披難が肝要だ。　〔　〕→〔　〕

☐☐ 2　国際法では保虜の虐待は戦争犯罪と
　　　されているが、その調査は難しい。　〔　〕→〔　〕

☐☐ 3　週刊誌で集賄の疑いを報じられた議
　　　員が支援者を前に潔白を訴えた。　〔　〕→〔　〕

☐☐ 4　史上最年少の記録を塗り替えた棋士
　　　が今後の豊負を語った。　〔　〕→〔　〕

☐☐ 5　幹線道路が寸断されたため、被災地
　　　への支援物資の享給が困難になった。〔　〕→〔　〕

☐☐ 6　搾乳が手作業から機械になったこと
　　　で、多数の牛の仕育が可能になった。〔　〕→〔　〕

☐☐ 7　今後も需要が高まる運送業では慎刻
　　　な人手不足の解消が喫緊の課題だ。　〔　〕→〔　〕

☐☐ 8　野生動物の密猟者を発見したヘリコ
　　　プターの操従士が追跡を開始した。　〔　〕→〔　〕

☐☐ 9　路線バスの全廃が発表された地域で
　　　存続を求める処名運動が起きた。　〔　〕→〔　〕

☐☐ 10　優美で繊細な装殖を施した香水瓶が
　　　競売に出品され高値がついた。　〔　〕→〔　〕

標準解答　　　　　　解　説

誤　　正

1 ［披］→［避］ 避難：危険をさけて安全な場所に移動すること。

2 ［保］→［捕］ 捕虜：戦争などで敵にとらえられた人。

3 ［集］→［収］ 収賄：わいろを受け取ること。

4 ［豊］→［抱］ 抱負：心の中の考えや希望。

5 ［享］→［供］ 供給：求めに応じてあたえること。

6 ［仕］→［飼］ 飼育：動物を養いそだてること。

7 ［慎］→［深］ 深刻：事態が差し迫って重大なこと。

8 ［従］→［縦］ 操縦：機械などをあやつって動かすこと。

9 ［処］→［署］ 署名：自分の名前を書くこと。

10 ［殖］→［飾］ 装飾：美しく見えるようによそおうこと。

読み

部首

熟語の構成

四字熟語

対義語・類義語

同音・同訓異字

誤字訂正

送りがな

書き取り

誤字訂正⑥

次の各文にまちがって使われている**同じ読み**の漢字が**一字**ある。
誤字と、**正しい漢字**を答えよ。

誤　　正

□□ 1 　遺跡の発掘調査で、死者への副葬品と垂測される植物が見つかった。　[　]→[　]

□□ 2 　感情に訴える専伝文句におどらされて新製品を買う。　[　]→[　]

□□ 3 　平安時代の宮廷粧束を着た人が練り歩く祭りを目当てに観光客が集まる。　[　]→[　]

□□ 4 　貧困に苦しむ家庭に食料品を呈供する活動が行われている。　[　]→[　]

□□ 5 　存乏の危機に直面する村が、対策を講じて移住者を増やそうとしている。　[　]→[　]

□□ 6 　健康保険料の支払い問題について自治体で検当が行われた。　[　]→[　]

□□ 7 　景気の低迷による影響は学生の就職内定率にも懸著にあらわれている。　[　]→[　]

□□ 8 　大量の爆薬を投入して岩石を一気に噴砕する。　[　]→[　]

□□ 9 　野菜の品種改良によって栄養果が格段に高くなった。　[　]→[　]

□□ 10 　日本人選手が世界大会で二連覇を達成する快拠を成し遂げた。　[　]→[　]

標準解答　　　　　　解説
誤　　正

1 〔垂〕→〔推〕　推測：ある事柄をもとに、おしはかって考えること。

2 〔専〕→〔宣〕　宣伝：広く知らせて理解を求めること。

3 〔粧〕→〔装〕　装束：特別な場に合わせた服。

4 〔呈〕→〔提〕　提供：相手に役立ててもらうため差し出すこと。

5 〔乏〕→〔亡〕　存亡：残るかほろびるか。

6 〔当〕→〔討〕　検討：よく調べて考えること。

7 〔懸〕→〔顕〕　顕著：際立って目立つ様子。

8 〔噴〕→〔粉〕　粉砕：こなごなにくだくこと。

9 〔果〕→〔価〕　栄養価：食品中に含まれる、体に必要な成分の度合い。

10 〔拠〕→〔挙〕　快挙：胸のすくような行為。

読み

部首

熟語の構成

四字熟語

対義語・類義語

同音・同訓異字

誤字訂正

送りがな

書き取り

誤字訂正⑦

次の各文にまちがって使われている**同じ読みの漢字**が**一字**ある。
誤字と、**正しい漢字**を答えよ。

誤　　正

□
□ 1　人材確捕のため、在宅勤務など柔軟
　　　な働き方に対応する企業が増加した。　[　]→[　]

□
□ 2　停電の影響で大規模な通信障害が発
　　　生したが復及のめどは立っていない。　[　]→[　]

□
□ 3　微熱などの典形的な風邪の症状が見
　　　られたので、早めに病院で受診した。　[　]→[　]

□
□ 4　台風や竜巻などの自然現証が発生す
　　　る仕組みと防災対策について学ぶ。　[　]→[　]

□
□ 5　埋蔵文化材が豊富に残る地域では、
　　　史跡の発掘調査に従事する人が多い。　[　]→[　]

□
□ 6　操備や座り心地が充実したことから、
　　　高速バスの利用者数が増加している。　[　]→[　]

□
□ 7　多くの被害者を出した佐欺事件の犯
　　　人を追跡する。　[　]→[　]

□
□ 8　結婚式と披露演の代金五百万円を踏
　　　み倒した男が逮捕された。　[　]→[　]

□
□ 9　事件が賓発している治安が悪い地域
　　　に渡航する人に注意を促す。　[　]→[　]

□
□ 10　記録的不猟と燃料価格の高騰の影響
　　　で、サンマの高値が続いている。　[　]→[　]

標準解答
誤　正

解　説

読み

部首

熟語の構成

四字熟語

対義語・類義語

同音・同訓異字

誤字訂正

送りがな

書き取り

1 [捕]→[保]　確保：手に入れてもっておくこと。

2 [及]→[旧]　復旧：もとの状態にもどること。

3 [形]→[型]　典型的：そのものの特徴をよくあらわしているさま。

4 [証]→[象]　現象：人間が知覚できる形をもってあらわれるもの。

5 [材]→[財]　文化財：文化的に価値のあるもの。

6 [操]→[装]　装備：あらかじめ準備した必要な用具などのこと。

7 [佐]→[詐]　詐欺：人をだまして害を与えること。

8 [演]→[宴]　披露宴：めでたいことを発表するため開くうたげ。

9 [賓]→[頻]　頻発：何回も起こること。

10 [猟]→[漁]　不漁：水産物があまりとれないこと。

誤字訂正⑧

次の各文にまちがって使われている**同じ読み**の漢字が**一字**ある。
誤字と、**正しい漢字**を答えよ。

誤　　正

□□ 1　貨物から持ち込み禁止食品を探す検益探知犬を空港に配備する。　〔　〕→〔　〕

□□ 2　紙幣の擬造を防ぐため日本銀行券には特殊な印字方式が採用されている。　〔　〕→〔　〕

□□ 3　ある自然現象に基づいた仮説を証明するために海外の文件を読みあさる。　〔　〕→〔　〕

□□ 4　突然の大雪で、実施が予定されていた行事が延期を余技なくされた。　〔　〕→〔　〕

□□ 5　若い陶芸家が現代風の食器の製作や新たな範路の拡大に挑戦している。　〔　〕→〔　〕

□□ 6　ガソリンは気発性が高く引火しやすいため消防法上では危険物にあたる。　〔　〕→〔　〕

□□ 7　地震による停電で工場が装業停止し、依然として復旧の見通しが立たない。　〔　〕→〔　〕

□□ 8　列車が大雪で立ち往場した影響で、乗客は車内に丸一日缶詰めになった。　〔　〕→〔　〕

□□ 9　密林地帯を通る過酷な耐久マラソンを走派したのは少数の参加者だけだった。　〔　〕→〔　〕

□□ 10　業績悪化の責任をとって経営陣が辞任し社内体制の察新が図られる。　〔　〕→〔　〕

標準解答　　　　　解　説
誤　　正

1 ［益］→［疫］　検疫：感染症予防のため、他地域から移動してくるものを検査すること。

2 ［擬］→［偽］　偽造：にせものをつくること。

3 ［件］→［献］　文献：研究の資料になる書物など。

4 ［技］→［儀］　余儀：別の方法。

5 ［範］→［販］　販路：商品を売りさばく方面。

6 ［気］→［揮］　揮発：液体が常温で気体になること。

7 ［装］→［操］　操業：機械などを動かして仕事をすること。

8 ［場］→［生］　往生：死ぬこと。処置に困ること。
　✐「立ち往生」とは「途中で前にも後ろにも動けなくなること」という意味。

9 ［派］→［破］　走破：最後まではしり切ること。

10 ［察］→［刷］　刷新：悪いものを取り除き、あたらしくすること。

送りがな①

次の――線の**カタカナ**を**漢字一字**と**送りがな（ひらがな）**に直せ。
〈例〉問題に**コタエル**。〔 答える 〕

□□ 1 責任を*ノガレル*。 〔　　　　　〕

□□ 2 保育所に子どもを*アズケル*。 〔　　　　　〕

□□ 3 罪を*オカシ*たことを後悔する。 〔　　　　　〕

□□ 4 *カセグ*に追いつく貧乏なし。 〔　　　　　〕

□□ 5 公民館で敬老会を*モヨオス*。 〔　　　　　〕

□□ 6 *イツワラ*ざる気持ちを伝える。 〔　　　　　〕

□□ 7 関係者以外の入室を*コバム*。 〔　　　　　〕

□□ 8 甘い*サソイ*に乗ってばかを見た。 〔　　　　　〕

□□ 9 *オシイ*ところで試合に敗れた。 〔　　　　　〕

□□ 10 我が子の行く末を*タノモシク*思う。 〔　　　　　〕

標準解答 | 解説

1 [逃れる]
逃れる：望ましくない状態を回避する。
他の例 逃げる、逃す　など

2 [預ける]
預ける：世話をまかせる。
他の例 預かる

3 [犯し]
犯す：法にふれる行為をする。
ある× 犯した…──線部分がどこまでかをよく確認しよう。

4 [稼ぐ]
稼ぐ：働いて収入を得る。
✒ 「稼ぐに追いつく貧乏なし」は「働いていれば、貧乏になることはない。」という意味。

5 [催す]
催す：行事の計画を立て、準備して行う。

6 [偽ら]
偽る：うそをつく。
ある× 偽わら

7 [拒む]
拒む：受け入れをかたく断る。

8 [誘い]
誘い：ある行為をするよう、すすめること。

9 [惜しい]
惜しい：思い通りにならず残念だ。
他の例 惜しむ

10 [頼もしく]
頼もしい：たよりになる。
他の例 頼む、頼る
ある× 頼しく

送りがな②

次の——線の**カタカナ**を**漢字一字**と**送りがな（ひらがな）**に直せ。
〈例〉問題に**コタエル**。〔 答える 〕

☐☐ 1 軽々しい言動を**ツツシム**。　　　　　〔　　　　〕

☐☐ 2 寒さでガタガタと**フルエル**。　　　　〔　　　　〕

☐☐ 3 かつて栄えた都市が**スタレル**。　　　〔　　　　〕

☐☐ 4 手を**ワズラワシ**てすみません。　　　〔　　　　〕

☐☐ 5 家族そろって新年を**ムカエル**。　　　〔　　　　〕

☐☐ 6 泣いている子どもを**ナグサメル**。　　〔　　　　〕

☐☐ 7 古いお札を**スカシ**て見る。　　　　　〔　　　　〕

☐☐ 8 生魚の**クサミ**をしょうがで消す。　　〔　　　　〕

☐☐ 9 最後まで**イサマシク**立ち向かった。　〔　　　　〕

☐☐ 10 **メズラシイ**おもちゃを手に入れた。　〔　　　　〕

(標準解答)　　　(解　説)

読み

部首

熟語の構成

四字熟語

対義語・類義語

同音・同訓異字

誤字訂正

送りがな

書き取り

1 [慎む]
慎む：間違いのないようにひかえる。
ある× 慎しむ

2 [震える]
震える：細かくゆれ動く。
他の例 震う

3 [廃れる]
廃れる：栄えていたものが衰える。
他の例 廃る

4 [煩わし]
煩わす：めんどうをかける。
他の例 煩う

5 [迎える]
迎える：ある時期を待つ。来る人を待ち受ける。

6 [慰める]
慰める：いたわる。なだめる。
他の例 慰む

7 [透かし]
透かす：すきとおらせる。
他の例 透く、透ける
ある× 透し

8 [臭み]
臭み：いやなにおい。
他の例 臭う

9 [勇ましく]
勇ましい：活気にあふれるさま。
ある× 勇しく

10 [珍しい]
珍しい：まれである。

213

送りがな③

次の——線の**カタカナ**を**漢字一字**と**送りがな（ひらがな）**に直せ。
〈例〉問題に**コタエル**。〔 答える 〕

☐☐ **1** 道路を**ヘダテ**て駐車場がある。　〔　　　　〕

☐☐ **2** 会社の買収を**クワダテル**。　〔　　　　〕

☐☐ **3** まんまと敵に**アザムカ**れた。　〔　　　　〕

☐☐ **4** よく見えるように旗を高く**カカゲ**た。〔　　　　〕

☐☐ **5** 農業に**タズサワッ**ている。　〔　　　　〕

☐☐ **6** 失敗して自己嫌悪に**オチイッ**た。　〔　　　　〕

☐☐ **7** お茶でのどを**ウルオス**。　〔　　　　〕

☐☐ **8** いとこは秀才の**ホマレ**が高い。　〔　　　　〕

☐☐ **9** **キタナク**なった手を洗う。　〔　　　　〕

☐☐ **10** **ツタナイ**言葉で説明する。　〔　　　　〕

1回目	2回目
／10問	／10問

標準解答	解　説

1 [隔て]　隔てる：さえぎる。
　　　　　　　　他の例 隔たる

2 [企てる]　企てる：計画する。

3 [欺か]　欺く：だます。

4 [掲げ]　掲げる：人目につくよう高く差し上げる。

5 [携わっ]　携わる：関係する。従事する。
　　　　　　　　他の例 携える
　　　　　　　　よく×る 携っ

6 [陥っ]　陥る：悪い状態になる。
　　　　　　　　他の例 陥れる
　　　　　　　　よく×る 陥いっ

7 [潤す]　潤す：適度な水分を与える。
　　　　　　　　他の例 潤う、潤む

8 [誉れ]　誉れ：よいという評判。

9 [汚く]　汚い：不潔なさま。
　　　　　　　　他の例 汚す、汚れる　など
　　　　　　　　よく×る 汚なく

10 [拙い]　拙い：巧みでない。
　　　　　　　　よく×る 拙ない

読み

部首

熟語の構成

四字熟語

対義語・類義語

同音・同訓異字

誤字訂正

送りがな

書き取り

215

送りがな④

次の——線の**カタカナ**を**漢字一字**と**送りがな（ひらがな）**に直せ。
〈例〉問題に**コタエル**。〔 答える 〕

□□ 1　ずっと**コガレル**人がいる。　　　〔　　　　〕

□□ 2　庭の木が大きく枝を**ノバシ**た。　〔　　　　〕

□□ 3　暗い場所に**ヒソン**で待ち伏せする。〔　　　　〕

□□ 4　制服のほころびを**ツクロウ**。　　〔　　　　〕

□□ 5　寒さで手が**コゴエ**てしまった。　〔　　　　〕

□□ 6　正義の味方が悪者を**コラシメ**た。〔　　　　〕

□□ 7　教室内に緊張感が**タダヨッ**た。　〔　　　　〕

□□ 8　来月の**ナカバ**に花火大会がある。〔　　　　〕

□□ 9　**ミニクイ**行為を恥じる。　　　　〔　　　　〕

□□10　現代の世相を**ナゲカワシク**思う。〔　　　　〕

標準解答	解説

1 焦がれる

焦がれる：恋しく思う。
他の例 焦げる、焦る など
よくあるX 焦れる

2 伸ばし

伸ばす：長さを増す。
他の例 伸びる、伸べる
よくあるX 伸し

3 潜ん

潜む：かくれる。
他の例 潜る

4 繕う

繕う：破れたり壊れたりしたところを直す。

5 凍え

凍える：寒さ、冷たさで手足がうまく動かせなくなる。
他の例 凍る

6 懲らしめ

懲らしめる：罰を加えるなどして思い知らせる。
他の例 懲りる、懲らす

7 漂っ

漂う：空気や雰囲気などが辺りに満ちる。

8 半ば

半ば：はんぶんぐらいのころ。まん中。

9 醜い

醜い：行動や態度などが見苦しい。

10 嘆かわしく

嘆かわしい：情けなく、悲しい。
他の例 嘆く
よくあるX 嘆しく

読み
部首
熟語の構成
四字熟語
対義語・類義語
同音・同訓異字
誤字訂正
送りがな
書き取り

送りがな⑤

次の——線の**カタカナ**を**漢字一字**と**送りがな（ひらがな）**に直せ。
〈例〉問題に**コタエル**。〔 答える 〕

☐☐ 1 議事の進行を**サマタゲル**言動を慎む。〔　　　〕

☐☐ 2 **フクラン**だ予算を見直す。〔　　　〕

☐☐ 3 この魚は油で**アゲル**とうまい。〔　　　〕

☐☐ 4 専門家の判断を**アオグ**。〔　　　〕

☐☐ 5 やかんで麦茶を**ワカシ**た。〔　　　〕

☐☐ 6 午後、相談に**ウカガイ**ます。〔　　　〕

☐☐ 7 厳しい言葉が胸に**ササッ**た。〔　　　〕

☐☐ 8 タオルを**タタン**でたんすにしまった。〔　　　〕

☐☐ 9 道の傾斜が**ユルヤカニ**なってきた。〔　　　〕

☐☐ 10 **ハナハダシイ**損害が生じる。〔　　　〕

標準解答　　　解説

1 [妨げる] 妨げる：邪魔をする。

2 [膨らん] 膨らむ：考えなどが大きく広がる。
他の例 膨れる
ある× 膨ん

3 [揚げる] 揚げる：油で加熱調理する。
他の例 揚がる

4 [仰ぐ] 仰ぐ：助言を求める。
他の例 仰せ

5 [沸かし] 沸かす：水分に熱を加えて熱くする。
他の例 沸く
ある× 沸し

6 [伺い] 伺う：「行く」のへりくだった表現。

7 [刺さっ] 刺さる：感銘を与える。
他の例 刺す
ある× 刺っ

8 [畳ん] 畳む：折り重ねてちいさくまとめる。
ある× 畳んで…──線部分がどこまでかをよく確認しよう。

9 [緩やかに] 緩やかだ：なだらかなさま。
他の例 緩い、緩む　など

10 [甚だしい] 甚だしい：普通の程度をはるかに超えている様子。
他の例 甚だ

読み / 部首 / 熟語の構成 / 四字熟語 / 対義語・類義語 / 同音・同訓異字 / 誤字訂正 / 送りがな / 書き取り

送りがな⑥

次の——線の**カタカナ**を漢字一字と**送りがな（ひらがな）**に直せ。
〈例〉問題に**コタエル**。〔 答える 〕

☐☐ 1　幼いときの思い出に**ヒタル**。　　　〔　　　　　〕

☐☐ 2　高層ビルに視界を**サエギラ**れた。　〔　　　　　〕

☐☐ 3　我が身の潔白を**チカッ**た。　　　　〔　　　　　〕

☐☐ 4　キュウリをぬかに**ツケル**。　　　　〔　　　　　〕

☐☐ 5　言葉を**ニゴシ**て目も合わせない。　〔　　　　　〕

☐☐ 6　祭りの運営費を寄附で**マカナウ**。　〔　　　　　〕

☐☐ 7　将来の自分を心に思い**エガク**。　　〔　　　　　〕

☐☐ 8　甘い言葉で**マドワサ**れる。　　　　〔　　　　　〕

☐☐ 9　色彩の**アザヤカナ**絵だ。　　　　　〔　　　　　〕

☐☐ 10　会の延期は**カシコイ**選択だった。〔　　　　　〕

標準解答　　　　解　説

読み

1 [浸る]
浸る：ある状態に入り込む。
他の例 浸す

部首

2 [遮ら]
遮る：じゃまをして見えなくする。
 よくある✕ 遮ぎら

熟語の構成

3 [誓っ]
誓う：神仏や人の前で約束する。
よくある✕ 誓った……──線部分がどこまでかをよく確認しよう。

四字熟語

4 [漬ける]
漬ける：中に入れて味をしみ込ませる。
他の例 漬かる

対義語・類義語

5 [濁し]
濁す：あいまいにする。
他の例 濁る

同音・同訓異字

6 [賄う]
賄う：きりもりする。

7 [描く]
描く：思い浮かべる。絵などをえがく。
他の例 描く

誤字訂正

8 [惑わさ]
惑わす：だます。
よくある✕ 惑さ

9 [鮮やかな]
鮮やかだ：はっきりしている。
よくある✕ 鮮やか……──線部分がどこまでかをよく確認しよう。

送りがな

10 [賢い]
賢い：知識や知恵が優れている。

書き取り

次の——線の**カタカナ**を**漢字**に直せ。

□□ 1 <u>ガクフ</u>通りに演奏する。 [　　　]

□□ 2 <u>シヘイ</u>には偽造防止の工夫がある。 [　　　]

□□ 3 <u>ヘンケン</u>を捨てて人と接する。 [　　　]

□□ 4 <u>ハッポウ</u>酒の売り上げが伸びる。 [　　　]

□□ 5 <u>ソボク</u>な味わいの焼き菓子を食べる。 [　　　]

□□ 6 兄弟間に絶えず<u>マサツ</u>が起きる。 [　　　]

□□ 7 <u>モウドウケン</u>の訓練を手伝う。 [　　　]

□□ 8 <u>ハグキ</u>がはれてとても痛い。 [　　　]

□□ 9 <u>ヒトガキ</u>をかき分けて進む。 [　　　]

□□ 10 よく学び、<u>力</u>つよく遊ぶ。 [　　　]

標準解答 / 解 説

1 [楽譜] 楽譜：楽曲を符号で書き表したもの。

2 [紙幣] 紙幣：紙でできたお金。
誤る✗ 幣に注意。左上部分の形が不正確な誤答が目立つ。「尚」のようになるのは誤り。

3 [偏見] 偏見：かたよったもののみかた。
誤る✗ 遍見…遍は「あまねく。すみずみまで行きわたる。」などの意味の別の漢字。

4 [発泡] 発泡：あわが出ること。
✔ 泡は「あわ。あぶく。」という意味を持つ。部首は氵（さんずい）。

5 [素朴] 素朴：飾り気がなくありのままである様子。
✔ 「素朴」の朴は、「うわべを飾らない。すなお。」という意味を表す。

6 [摩擦] 摩擦：二者の食い違いによって起こる不和。
誤る✗ 擦に注意。7〜10画目が「タ」となって1画少ない誤答が目立つ。

7 [盲導犬] 盲導犬：目の不自由な人の生活を補助するいぬ。

8 [歯茎] 歯茎：歯の根の部分をつつむ筋肉。
✔ 茎には「くきのような形をしたもの」という意味がある。

9 [人垣] 人垣：人がかきねのように立ち並ぶこと。
✔ 垣は「かき。かきね。かこい。」という意味を持つ。部首は土（つちへん）。

10 [且] 且つ：二つのことを同時に行うさま。

書き取り②

次の──線の**カタカナ**を**漢字**に直せ。

□□ 1 思わぬ**サイヤク**が降りかかった。 〔　　　〕

□□ 2 **ユカイ**な話で周囲を和ませる。 〔　　　〕

□□ 3 協力者の名前を**ラレツ**する。 〔　　　〕

□□ 4 **ラクノウ**家の生活を取材する。 〔　　　〕

□□ 5 昨日から**ゲリ**の症状が続いている。 〔　　　〕

□□ 6 **ルイケイ**入場者数が一万人を超す。 〔　　　〕

□□ 7 **ヨレイ**が鳴ったから教室に戻ろう。 〔　　　〕

□□ 8 **アカツキ**の空に月が見えた。 〔　　　〕

□□ 9 **エリクビ**の汚れを洗う。 〔　　　〕

□□ 10 体育館の**カタスミ**にほこりがたまる。 〔　　　〕

標準解答	解　説

1 [災厄]
災厄：わざわい。
✐ 災、厄いずれも「わざわい」という意味を表す。

2 [愉快]
愉快：楽しく気分がよいこと。
[あるある✕] 諭快…諭や輸との書き誤りが目立つ。字の意味をよく確認しよう。

3 [羅列]
羅列：並べ連ねること。
✐「羅列」の羅は、「つらなる。ならべる。」という意味を表す。

4 [酪農]
酪農：牛や羊を飼って乳や乳製品などを作ること。

5 [下痢]
下痢：腹をくだすこと。
✐ 痢は「はらくだし」という意味を持つ。部首は疒（やまいだれ）。

6 [累計]
累計：小計をつぎつぎに加えた合計。
✐「累計」の累は、「かさねる。かさなる。」という意味を表す。

7 [予鈴]
予鈴：開始の少し前に、前もって知らせる合図のベル。
✐ 鈴は「すず。ベル。」という意味を持つ。

8 [暁]
暁：明け方。
[あるある✕] 部首の誤りが多い。部首は日（ひへん）。意味と合わせて覚えよう。　暁

9 [襟首]
襟首：くびの後ろの部分。
[あるある✕] 襟に注意。ネ（しめすへん）になっている誤答が目立つ。部首は衤（ころもへん）。　襟

10 [片隅]
片隅：中心から離れたところ。
[あるある✕] 片偶…偶は「たまたま。思いがけなく。」などの意味の別の漢字。

読み　部首　熟語の構成　四字熟語　対義語・類義語　同音・同訓異字　誤字訂正　送りがな　**書き取り**

225

書き取り③

次の――線の**カタカナ**を**漢字**に直せ。

☐☐ 1 ベルサイユ**キュウデン**を訪れる。　　[　　　]

☐☐ 2 宵の**ミョウジョウ**が見える。　　[　　　]

☐☐ 3 **ジャバラ**に切ったきゅうりを食べる。[　　　]

☐☐ 4 **コウズイ**で被害を受ける。　　[　　　]

☐☐ 5 全議案を**イッカツ**審議にする。　　[　　　]

☐☐ 6 華族制度のもと**ハクシャク**に叙せられる。　　[　　　]

☐☐ 7 強い雨足が**ゼンジ**弱まってきた。　　[　　　]

☐☐ 8 **カ**の鳴くような声で窮状を訴える。　　[　　　]

☐☐ 9 腰を**ス**えて問題の解決に取り組む。　　[　　　]

☐☐ 10 寒い朝、**シモバシラ**が立った。　　[　　　]

226

1回目	2回目
/10問	/10問

標準解答 · 解 説

1 宮殿

宮殿：国王などが暮らす建物。
惜しい× 殿に注意。10〜11画目の形が
不正確な誤答が目立つので、形をよく確認しよう。
× 殿 ○ 殿

2 明星

明星：あかるいほし。
✏ 星（しょう）は中学校で学習する音読み。

3 蛇腹

蛇腹：ひだがあって伸縮自在のもの。

4 洪水

洪水：川の水が増え、あふれ出ること。
惜しい× 溝水…溝は「みぞ。用水路。どぶ。」など
の意味の別の漢字。

5 一括

一括：ひとまとめにすること。
✏ 括は「くくる。まとめる。」という意味を持
つ。

6 伯爵

伯爵：貴族の階級の一つ。
惜しい× 爵に注意。「⺍」が抜けないよう、
正しい形を確認しよう。
× 爵 ○ 爵

7 漸次

漸次：だんだん。しだいに。
✏ 「漸次」の漸は「ようやく。しだいに。」と
いう意味を表す。

8 蚊

蚊：カ科の昆虫。
惜しい× つくりが正しく書けていない誤答が
多い。形をよく確認しよう。
○ 蚊

9 据

据える：落ち着かせる。
惜しい× 添える…「添える」は、「そばにつける。
補助として加える。」という意味の別語。

10 霜柱

霜柱：土中の水分が凍って、地表ではしら状の
結晶になったもの。

読み

部首

熟語の構成

四字熟語

対義語・類義語

同音・同訓異字

誤字訂正

送りがな

書き取り

次の——線の**カタカナ**を**漢字**に直せ。

□□ 1 <u>コ</u>を描いて白球が飛ぶ。　　　　　[　　　]

□□ 2 決勝での敗戦は<u>ツウコン</u>の極みだ。[　　　]

□□ 3 延焼する前に<u>チンカ</u>した。　　　　[　　　]

□□ 4 参加者の<u>メイボ</u>を準備する。　　　[　　　]

□□ 5 <u>ワンキョク</u>した海岸線が続く。　　[　　　]

□□ 6 海軍の<u>タイイ</u>が主人公の映画を見た。[　　　]

□□ 7 外国の大使が国王に<u>エッケン</u>する。[　　　]

□□ 8 池に<u>モ</u>が繁殖する。　　　　　　　[　　　]

□□ 9 <u>アミダナ</u>に荷物を置き忘れる。　　[　　　]

□□ 10 ぬか床のナスがちょうどよく<u>ツ</u>かっ　[　　　]
ている。

標準解答 ｜ 解　説

1 [弧]

弧：弓なりにまがった線。
覚え**✕** 孤と混同しないように注意。孤は部首が
孑（こへん）で、「ひとり」という意味。

2 [痛恨]

痛恨：非常に残念なこと。
✎ 恨は「うらむ。残念に思う。」という意味を
持つ。部首は忄（りっしんべん）。

3 [鎮火]

鎮火：火事を消し止めること。
覚え**✕** 沈火…沈は「水中にしずむ。おぼれる。」
などの意味の別の漢字。

4 [名簿]

名簿：ある組織に属する人の姓名や住所などを
書きならべたもの。
✎ 簿は「竹のふだ。帳面。」という意味。

5 [湾曲]

湾曲：弓なりにまがること。
✎「湾曲」の湾は、「まがる。弓なりにまが
る。」という意味を表す。

6 [大尉]

大尉：軍人の階級の一つ。
✎ 尉は「軍隊での階級の一つ。じょう（律令
制の官位の一つ）。」という意味を持つ。

7 [謁見]

謁見：身分の高い人に会うこと。
✎ 謁は「まみえる。身分の高い人に会う。」と
いう意味を持つ。

8 [藻]

藻：水中に生息する海草・水草などの総称。
覚え**✕**「氵」をへんのように書くなど、✕ ○
組み立てが誤っているものが多い。　藻 藻

9 [網棚]

網棚：電車やバスの座席の上にある、あみ目状
のたな。

10 [漬]

漬かる：つけものが食べごろの状態になること。

読み

部首

熟語の構成

四字熟語

対義語・類義語

同音・同訓異字

誤字訂正

送りがな

書き取り

書き取り⑤

次の──線の**カタカナ**を**漢字**に直せ。

□□ 1 <u>ユウカイ</u>事件の犯人を追う。　　　[　　　]

□□ 2 <u>カッショク</u>に染めた洋服を着る。　　[　　　]

□□ 3 この山は市が<u>カンカツ</u>している。　　[　　　]

□□ 4 二年ぶりの優勝で王座を<u>ダッカン</u>した。　[　　　]

□□ 5 うわさ話の<u>シンギ</u>を確かめる。　　　[　　　]

□□ 6 <u>キョウジュン</u>の意を伝える。　　　　[　　　]

□□ 7 考古学の権威に文化<u>クンショウ</u>が授与される。　[　　　]

□□ 8 弟の内緒話は周囲に<u>ツツヌ</u>けだ。　　[　　　]

□□ 9 京都の<u>アマデラ</u>に立ち寄った。　　　[　　　]

□□ 10 見事な技の応酬に会場が<u>ワ</u>く。　　　[　　　]

標準解答	解 説

読み

部首

熟語の構成

四字熟語

対義語・類義語

同音・同訓異字

誤字訂正

送りがな

書き取り

1 誘拐
誘拐（ゆうかい）：人をだまして連れ去ること。
❌ 拐に注意。7〜8画目が「乃」になっている誤答が目立つ。形をよく確認しよう。
拐

2 褐色
褐色（かっしょく）：黒みがかった茶いろ。
✏ 「褐色」の褐は、「こげ茶いろ。黒ずんだ茶いろ。」という意味を表す。

3 管轄
管轄（かんかつ）：権限を持って、ある範囲を支配すること。
✏ 「管轄」の轄は「とりしまる」という意味。

4 奪還
奪還（だっかん）：うばわれたものを取り返すこと。

5 真偽
真偽（しんぎ）：本当のことかいつわりのことか。
❌ 真疑…疑は「うたがう。うたがい。」という意味の別の漢字。

6 恭順
恭順（きょうじゅん）：つつしんで命令に従うこと。
✏ 恭は「うやうやしい。つつしむ。」という意味を持つ。部首は 小（したごころ）。

7 勲章
勲章（くんしょう）：功労に対して国から授けられるメダル。

8 筒抜
筒抜け（つつぬけ）：話し声などが全てほかの人に聞こえること。

9 尼寺
尼寺（あまでら）：女性の僧が住むてら。
✏ 尼は「女の僧。出家した女性。」という意味を持つ。

10 沸
沸く（わく）：騒ぎ立てること。
❌ 湧く…「湧く」は、「水などが地中から吹き出てくる」などの意味を表す別語。

書き取り⑥

次の──線の**カタカナ**を**漢字**に直せ。

☐☐ 1 山間の**ケイコク**の清流をながめる。 [　　　]

☐☐ 2 **ケッシュツ**した能力を誇る。 [　　　]

☐☐ 3 **コウバイ**意欲を高めることが課題だ。 [　　　]

☐☐ 4 **サンバシ**に船を横付けにする。 [　　　]

☐☐ 5 遠い祖国への**キョウシュウ**を覚える。 [　　　]

☐☐ 6 悪天候で工事が**ナンジュウ**した。 [　　　]

☐☐ 7 **ジュウトウ**法違反で有罪となる。 [　　　]

☐☐ 8 **ミサキ**の灯台を目印にする。 [　　　]

☐☐ 9 子どもの笑顔に心が**イ**やされる。 [　　　]

☐☐ 10 **ヤナギ**に雪折れ無し。 [　　　]

標準解答　　　解　説

1 [渓谷]
渓谷：山にはさまれた川のあるところ。
✎ 渓は「たに。たにがわ。」という意味を持つ。

2 [傑出]
傑出：多くのものの中で特別に優れていること。
✎ 傑は「すぐれる。まさる。」という意味を持つ。語例 傑作、傑物

3 [購買]
購買：かうこと。
✎ 購、買いずれも「買い求める」という意味を表す。

4 [桟橋]
桟橋：港で船をつけられるように海に突き出して建てたもの。
✎ 「桟橋」の桟は「かけはし」という意味。

5 [郷愁]
郷愁：過去のものを懐かしむ気持ち。
✎ 愁は「うれえる。なげき悲しむ。思いなやむ。」という意味を持つ。

6 [難渋]
難渋：物事がすんなりと運ばないこと。
✎ 「難渋」の渋は、「しぶる。とどこおる。」という意味を表す。

7 [銃刀]
銃刀：銃と刀剣。

8 [岬]
岬：海や湖などに突き出ている陸地の先端。

9 [癒]
癒やす：苦痛をやわらげる。
よくあるミス✕ 点画に注意。療と混同して、疒（やまいだれ）の内側の形が不正確な誤答が目立つ。
×療 ○癒

10 [柳]
柳に雪折れ無し：堅固なものよりも柔軟なもののほうが、かえって厳しい試練に耐えることのたとえ。
よくあるミス✕ 似た形の仰と混同しないこと。

×仰 ○柳

読み
部首
熟語の構成
四字熟語
対義語・類義語
同音・同訓異字
誤字訂正
送りがな
書き取り

書き取り⑦

次の――線の**カタカナ**を**漢字**に直せ。

☐☐ 1 <u>ゲンシュク</u>な雰囲気で式が進む。 [　　　]

☐☐ 2 サッカー選手には<u>シュンビン</u>さが求められる。 [　　　]

☐☐ 3 国会で条約が<u>ヒジュン</u>された。 [　　　]

☐☐ 4 株主が経営者に対して<u>ソショウ</u>を起こす。 [　　　]

☐☐ 5 日本酒は米を<u>ジョウゾウ</u>してつくる。 [　　　]

☐☐ 6 <u>セットウ</u>事件が新聞に載った。 [　　　]

☐☐ 7 <u>ザゼン</u>を組んで雑念を払う。 [　　　]

☐☐ 8 <u>ワク</u>にはまらない自由な発想だ。 [　　　]

☐☐ 9 <u>イノ</u>るような気持ちで合格発表を待つ。 [　　　]

☐☐ 10 強風により<u>ノキナ</u>み電車が遅れている。 [　　　]

標準解答 / 解 説

1 厳粛
厳粛：重々しく、心身が引き締まるさま。
✏「厳粛」の粛は、「つつしむ。おごそか。身を引き締める。」という意味を表す。

2 俊敏
俊敏：判断や動きがすばやいこと。
✏俊には「すぐれる。ひいでる。才知がすぐれる。」という意味がある。

3 批准
批准：条約に対する最終的な同意の手続き。
✏「批准」の准は、「ゆるす」という意味を表す。

4 訴訟
訴訟：裁判を申し出ること。
✏訴、訟いずれも「うったえる」という意味を表す。

5 醸造
醸造：発酵の作用で酒やみそなどをつくること。
✏「醸造」の醸は、「かもす。発酵させて酒などをつくる。」という意味を表す。

6 窃盗
窃盗：金品をこっそりぬすむこと。
✏窃、盗いずれも「ぬすむ」という意味を表す。

7 座禅
座禅：足を組んですわり、精神統一して悟りをもとめる修行。

8 枠
枠：一定の範囲。限界。
⚠ 粋との書き誤りが目立つ。枠の部首は木（きへん）であることを確認しよう。

9 祈
祈る：心から望む。
⚠ 部首の誤りが多い。部首はネ（しめすへん）であることを確認しよう。 祈

10 軒並
軒並み：どれもこれも。
⚠ 軒に注意。幹と混同した誤答が多い。部首は車（くるまへん）。 軒

書き取り⑧

次の──線の**カタカナ**を**漢字**に直せ。

□□ 1 すっかり自信を**ソウシツ**する。 ［ 　 ］

□□ 2 都会は**ゴラク**が多い。 ［ 　 ］

□□ 3 会社の**テイカン**を熟読する。 ［ 　 ］

□□ 4 「悪貨は良貨を**クチク**する」という。 ［ 　 ］

□□ 5 区役所から戸籍**トウホン**を取り寄せた。 ［ 　 ］

□□ 6 書籍の返却の**トクソク**状が届く。 ［ 　 ］

□□ 7 戦国武将が**ハケン**を争う。 ［ 　 ］

□□ 8 弟が寝ぼけ**マナコ**で起きてきた。 ［ 　 ］

□□ 9 **カンヌシ**が家内安全を祈願する。 ［ 　 ］

□□ 10 今年の冬は**コトサラ**寒い。 ［ 　 ］

標準解答

解 説

読み

部首

熟語の構成

四字熟語

対義語・類義語

同音・同訓異字

誤字訂正

送りがな

書き取り

1 喪失

喪失：なくすこと。
よるバツ 喪に注意。「衣」と混同した
ような左はらいのある誤答が多いので注意。

×喪 ○喪

2 娯楽

娯楽：余暇にたのしむこと。
✔ 娯、楽いずれも「たのしむ。たのしみ。」と
いう意味を持つ。

3 定款

定款：法人などの規則またはこれを記載した書
面。

4 駆逐

悪貨は良貨を駆逐する：わるい物が世にはびこる
と、よい物が世間の片隅におしやられてしまうたとえ。
✔ 駆、逐いずれも「追いはらう」という意味を表す。

5 謄本

謄本：もとの文書を全て写した書類。
✔ 謄は「うつす。書き写す。」という意味を持
つ。 語例 謄写

6 督促

督促：実行をうながすこと。
✔ 「督促」の督は「うながす。せきたてる。」
という意味を表す。部首は目（め）。

7 覇権

覇権：力で他をしたがえる支配者の持つ権力。
✔ 覇は、「武力で天下をしたがえるもの」など
の意味を持つ。

8 眼

眼：目。
よるバツ 形の似ている眠と混同した誤答が目立
つ。つくりの形をよく確認しよう。

○眼

9 神主

神主：神社で奉仕する人。

10 殊更

殊更：とりわけ。
✔ 殊には「ことに。とりわけ。」という意味が
ある。

次の――線の**漢字の読み**を**ひらがな**で記せ。

□□ 1 <u>朕</u>は国家なりと王は言った。 〔　　　〕

□□ 2 <u>国璽</u>は勲記に押される。 〔　　　〕

□□ 3 武家では<u>嫡男</u>を重んじた。 〔　　　〕

□□ 4 夢と現実の<u>相克</u>に苦しむ。 〔　　　〕

□□ 5 計画の<u>完遂</u>は難しい。 〔　　　〕

□□ 6 逆転する絶好の機会を<u>逸</u>した。 〔　　　〕

□□ 7 <u>碁石</u>には白と黒がある。 〔　　　〕

□□ 8 二つの銀行を<u>併</u>せる。 〔　　　〕

□□ 9 休日は<u>専</u>ら釣りを楽しむ。 〔　　　〕

□□ 10 戦局を<u>日和見</u>している。 〔　　　〕

標準解答 | 解 説

1 [ちん] 朕：帝王の自称。

2 [こくじ] 国璽：国家のしるしとして押す印。

3 [ちゃくなん] 嫡男：跡取り。

4 [そうこく] 相克：対立するものが互いに争うこと。

5 [かんすい] 完遂：最後までやりとげること。

6 [いっ] 逸する：のがす。

7 [ごいし] 碁石：碁を打つのに使う、平たく丸い、白黒二種類の小石。

8 [あわ] 併せる：並べて一緒にする。二つ以上のものを一つにする。

9 [もっぱ] 専ら：ある一つのことに集中する様子。

10 [ひよりみ] 日和見：有利な方へつこうと形勢をうかがうこと。

読み

部首

熟語の構成

四字熟語

対義語・類義語

同音・同訓異字

誤字訂正

送りがな

書き取り

読み②

次の——線の**漢字の読み**を**ひらがな**で記せ。

□□ 1 その手続きには、戸籍抄本が要る。 [   ]

□□ 2 ついに女王陛下への拝謁がかなった。[   ]

□□ 3 堅固な城がついに陥落した。 [   ]

□□ 4 終わったら適宜解散とする。 [   ]

□□ 5 事故の責任者を糾弾する。 [   ]

□□ 6 遺族に弔慰金が支給された。 [   ]

□□ 7 砕石で舗装された道路を歩く。 [   ]

□□ 8 性懲りもなく失敗を重ねる。 [   ]

□□ 9 やぶの中に蚊柱が立った。 [   ]

□□ 10 棟上げ式を盛大に行う。 [   ]

(標準解答)　　(解　説)

1 [しょうほん]
抄本：書類の一部を抜き出したもの。
対 謄本

2 [はいえつ]
拝謁：お目にかかること。
語例 謁見

3 [かんらく]
陥落：攻め落とされること。

4 [てきぎ]
適宜：状況に合わせて適当に。

5 [きゅうだん]
糾弾：罪や責任を問い、とがめること。
よくある✕ きょうだん…「きょうだん」と読むのは「凶弾」。

6 [ちょうい]
弔慰金：死者を弔う気持ちを表すため遺族に渡す金。

7 [さいせき]
砕石：細かくくだいた石。

8 [しょうこ]
性懲り：心の底から懲りること。

9 [かばしら]
蚊柱：夏の夕方、蚊が柱のように群がって飛ぶこと。

10 [むねあ]
棟上げ：家の骨組みができた後、最上部に横木を渡すこと。

読み

部首

熟語の構成

四字熟語

対義語・類義語

同音・同訓異字

誤字訂正

送りがな

書き取り

読み③

次の——線の**漢字の読み**を**ひらがな**で記せ。

☐☐ 1 <u>桟道</u>をたどって頂上を目指す。 [   ]

☐☐ 2 <u>下肢</u>が痛くて病院に行く。 [   ]

☐☐ 3 弟は<u>珠算</u>教室に通っている。 [   ]

☐☐ 4 <u>美醜</u>にばかりこだわるな。 [   ]

☐☐ 5 <u>自叙伝</u>を執筆する。 [   ]

☐☐ 6 案内のパンフレットを<u>頒布</u>する。 [   ]

☐☐ 7 <u>総帥</u>としてグループ全体に君臨する。[   ]

☐☐ 8 <u>氏神</u>がまつられた神社に行く。 [   ]

☐☐ 9 川の<u>中州</u>に取り残される。 [   ]

☐☐ 10 <u>波止場</u>から船を見送る。 [   ]

（標準解答）　　　（解　説）

1 [さんどう]　桟道：がけの中腹に張り出して作った道。
語例 桟橋

2 [かし]　下肢：足・脚部。

3 [しゅざん]　珠算：そろばんを使ってする計算。

4 [びしゅう]　美醜：うつくしいことと、みにくいこと。

5 [じじょでん]　自叙伝：みずからの経歴などを自分自身で書いたもの。

6 [はんぷ]　頒布：広く配ること。
✎ 頒は「わける。広く行きわたらせる。」という意味を表す。

7 [そうすい]　総帥：おおきな組織を率いる人。
ある✘ そうし…「し」と読むのは別字の「師」。
語例 元帥

8 [うじがみ]　氏神：祖先としてまつる神。

9 [なかす]　中州：川の中の、土砂が積もって島状になっている場所。

10 [はとば]　波止場：船着き場。
✎ 「波止場」は中学校で学習する熟字訓・当て字。

次の——線の**漢字の読み**を**ひらがな**で記せ。

□□ 1　自薦の候補者が現れた。　　　　　[　　　　]

□□ 2　彼らの会話は禅問答のようだ。　　[　　　　]

□□ 3　薬の量を漸増していく。　　　　　[　　　　]

□□ 4　彫塑の作品展に出品する。　　　　[　　　　]

□□ 5　低俗に堕したテレビ番組だ。　　　[　　　　]

□□ 6　衷心よりおわび申し上げます。　　[　　　　]

□□ 7　教唆されて犯行に及んだ。　　　　[　　　　]

□□ 8　動物が木の洞に巣を作る。　　　　[　　　　]

□□ 9　この問題は委員会に諮ろう。　　　[　　　　]

□□ 10　馬の手綱を握り締める。　　　　　[　　　　]

標準解答　　解説

1 [じせん]　自薦：自分自身を推挙すること。

2 [ぜんもんどう]　禅問答：真意のつかみにくい問答。

3 [ぜんぞう]　漸増：だんだんふえること。
語例 漸次

4 [ちょうそ]　彫塑：彫刻と塑像。

5 [だ]　堕する：よくない状態におちいる。

6 [ちゅうしん]　衷心：こころの底。まごころ。
ある✕ あいしん…「あい」と読むのは別字の「哀」。

7 [きょうさ]　教唆：他人をしけしかけること。
語例 示唆

8 [ほら]　洞：大木、岩、がけなどにできた穴。

9 [はか]　諮る：相談する。

10 [たづな]　手綱：馬をあやつるために、馬のくつわにつけて持つ綱。

読み⑤

次の——線の**漢字の読み**を**ひらがな**で記せ。

□□ 1 閣僚の<u>更迭</u>を行う。 〔　　　〕

□□ 2 核兵器の<u>全廃</u>を訴える。 〔　　　〕

□□ 3 決算期は<u>煩忙</u>を極める。 〔　　　〕

□□ 4 海外の長編小説を<u>抄訳</u>する。 〔　　　〕

□□ 5 苦手科目を再<u>履修</u>する。 〔　　　〕

□□ 6 別れの<u>愁嘆場</u>を演じる。 〔　　　〕

□□ 7 <u>妃殿下</u>が海外を視察される。 〔　　　〕

□□ 8 今年の夏は<u>殊</u>の外暑いようだ。 〔　　　〕

□□ 9 赤ん坊の<u>柔肌</u>に触れる。 〔　　　〕

□□ 10 寝ぼけ<u>眼</u>で返事をする。 〔　　　〕

	標準解答	解　説

1 [こうてつ]
更送：ある地位の人をほかの人と替えること。
あるある✕ こうそう…「そう」と読むのは別字の「送」。

2 [ぜんぱい]
全廃：全て廃止にすること。

3 [はんぼう]
煩忙：仕事が多くて忙しいこと。

4 [しょうやく]
抄訳：一部分のみを翻訳すること。
語例 抄本

5 [りしゅう]
履修：規定の学科などを学習すること。

6 [しゅうたんば]
愁嘆場：芝居で登場人物が嘆き悲しむ場面。

7 [ひでんか]
妃殿下：皇族の妻に対する敬称。
あるある✕ きでんか

8 [こと]
殊の外：とりわけ。思いのほか。

9 [やわはだ]
柔肌：柔らかい感触の肌。

10 [まなこ]
寝ぼけ眼：ねぼけた目つき。

読み

部首

熟語の構成

四字熟語

対義語・類義語

同音・同訓異字

誤字訂正

送りがな

書き取り

247

部首①

次の漢字の**部首**を記せ。
〈例〉菜〔 艹 〕 間〔 門 〕

□□ 1 斉 〔 　　　 〕

□□ 2 丙 〔 　　　 〕

□□ 3 斗 〔 　　　 〕

□□ 4 卑 〔 　　　 〕

□□ 5 魔 〔 　　　 〕

□□ 6 了 〔 　　　 〕

□□ 7 更 〔 　　　 〕

□□ 8 豪 〔 　　　 〕

□□ 9 朱 〔 　　　 〕

□□ 10 致 〔 　　　 〕

標準解答	解　説

1 [斉]
部首(部首名) 斉（せい）
✎ 斉の漢字例：斎
よく**✕** 文（ぶん）ではない。

2 [一]
部首(部首名) 一（いち）
✎ 一の漢字例：丘、丈、与　など

3 [斗]
部首(部首名) 斗（とます）
✎ 斗の漢字例：斜　など

4 [十]
部首(部首名) 十（じゅう）
✎ 十の漢字例：卓、博、協　など

5 [鬼]
部首(部首名) 鬼（おに）
✎ 鬼の漢字例：魂　など

6 [｜]
部首(部首名) ｜（はねぼう）
✎ ｜の漢字例：争　など

7 [曰]
部首(部首名) 曰（ひらび・いわく）
✎ 曰の漢字例：曹、替　など

8 [豕]
部首(部首名) 豕（ぶた・いのこ）
✎ 豕の漢字例：豚　など

9 [木]
部首(部首名) 木（き）
✎ 木の漢字例：架、棄、桑　など

10 [至]
部首(部首名) 至（いたる）
✎ 至の漢字例：至

読み / 部首 / 熟語の構成 / 四字熟語 / 対義語・類義語 / 同音・同訓異字 / 誤字訂正 / 送りがな / 書き取り

※辞典や参考書により、部首や部首名の表記が異なる場合がありますが、「漢検」では定められた
部首・部首名で解答する必要があります。採点基準は巻頭ページをご覧ください。

部首②

次の漢字の**部首**を記せ。
〈例〉菜 〔 ⺾ 〕 間 〔 門 〕

□□ 1 舞 　　　　　　　　　〔　　　〕

□□ 2 準 　　　　　　　　　〔　　　〕

□□ 3 我 　　　　　　　　　〔　　　〕

□□ 4 憲 　　　　　　　　　〔　　　〕

□□ 5 卵 　　　　　　　　　〔　　　〕

□□ 6 版 　　　　　　　　　〔　　　〕

□□ 7 夢 　　　　　　　　　〔　　　〕

□□ 8 乗 　　　　　　　　　〔　　　〕

□□ 9 麻 　　　　　　　　　〔　　　〕

□□ 10 磨 　　　　　　　　〔　　　〕

標準解答　　　　　解　説

1 [舛]
部首(部首名) 舛（まいあし）
✏ 常用漢字で舛を部首とする漢字は舞のみ。

2 [氵]
部首(部首名) 氵（さんずい）
✏ 氵の漢字例：淑、漸、漢 など

3 [戈]
部首(部首名) 戈（ほこづくり・ほこがまえ）
✏ 戈の漢字例：戯、成、戦 など

4 [心]
部首(部首名) 心（こころ）
✏ 心の漢字例：患、慶、忍 など

5 [卩]
部首(部首名) 卩（わりふ・ふしづくり）
✏ 卩の漢字例：卸、却、即 など

6 [片]
部首(部首名) 片（かたへん）
✏ 常用漢字で片を部首とする漢字は版のみ。

7 [夕]
部首(部首名) 夕（た・ゆうべ）
✏ 夕の漢字例：外、夜 など

8 [ノ]
部首(部首名) ノ（の・はらいぼう）
✏ ノの漢字例：久 など

9 [麻]
部首(部首名) 麻（あさ）
✏ 常用漢字で麻を部首とする漢字は麻のみ。
よくあるX 广（まだれ）ではない。

10 [石]
部首(部首名) 石（いし）
✏ 石の漢字例：石 など
よくあるX 广（まだれ）ではない。

読み

部首

熟語の構成

四字熟語

対義語・類義語

同音・同訓異字

誤字訂正

送りがな

書き取り

部首③

次の漢字の**部首**を記せ。
〈例〉菜〔　艹　〕間〔　門　〕

□□ 1　竜　〔　　〕

□□ 2　喪　〔　　〕

□□ 3　真　〔　　〕

□□ 4　豆　〔　　〕

□□ 5　面　〔　　〕

□□ 6　首　〔　　〕

□□ 7　鳥　〔　　〕

□□ 8　麦　〔　　〕

□□ 9　赤　〔　　〕

□□ 10　互　〔　　〕

	標準解答	解 説
1	竜	**部首(部首名)** 竜(りゅう) ✎常用漢字で竜を部首とする漢字は竜のみ。 まちがえやすいX 立(たつ)ではない。
2	ロ	**部首(部首名)** ロ(くち) ✎ロの漢字例:呉、吏、吉 など
3	目	**部首(部首名)** 目(め) ✎目の漢字例:督、盲 など
4	豆	**部首(部首名)** 豆(まめ) ✎豆の漢字例:豊
5	面	**部首(部首名)** 面(めん) ✎常用漢字で面を部首とする漢字は面のみ。
6	首	**部首(部首名)** 首(くび) ✎常用漢字で首を部首とする漢字は首のみ。
7	鳥	**部首(部首名)** 鳥(とり) ✎鳥の漢字例:鳴 など
8	麦	**部首(部首名)** 麦(むぎ) ✎常用漢字で麦を部首とする漢字は麦のみ。
9	赤	**部首(部首名)** 赤(あか) ✎赤の漢字例:赦
10	二	**部首(部首名)** 二(に) ✎二の漢字例:井、五 など

読み

部首

熟語の構成

四字熟語

対義語・類義語

同音・同訓異字

誤字訂正

送りがな

書き取り

253

熟語の構成①

熟語の構成のしかたには□□□□内の**ア〜オ**のようなものがある。
次の熟語は□□□□内の**ア〜オ**のどれにあたるか、**一つ選び**、**記号**で答えよ。

□□ 1 諭旨　　　　　　　　　　　　　　　　　[　　]

□□ 2 未詳　　　　　　　　　　　　　　　　　[　　]

ア	同じような意味の漢字を重ねたもの（岩石）
イ	反対または対応の意味を表す字を重ねたもの（高低）
ウ	前の字が後の字を修飾しているもの（洋画）
エ	後の字が前の字の目的語・補語になっているもの（着席）
オ	前の字が後の字の意味を打ち消しているもの（非常）

□□ 3 紡績　　　　　　　　　　　　　　　　　[　　]

□□ 4 独吟　　　　　　　　　　　　　　　　　[　　]

□□ 5 緒論　　　　　　　　　　　　　　　　　[　　]

□□ 6 巧拙　　　　　　　　　　　　　　　　　[　　]

□□ 7 霊魂　　　　　　　　　　　　　　　　　[　　]

□□ 8 隠顕　　　　　　　　　　　　　　　　　[　　]

□□ 9 漆黒　　　　　　　　　　　　　　　　　[　　]

□□10 随意　　　　　　　　　　　　　　　　　[　　]

標準解答	解 説

1 [エ]
諭旨：理由などを言い聞かせること。
構成 諭 ←— 旨 目的
趣旨を告げる。

2 [オ]
未詳：まだ明らかでないこと。
構成 未 × 詳 打消
まだくわしくわかっていない。

3 [ア]
紡績：綿や毛などの繊維を加工して糸にすること。
構成 紡 ＝＝ 績 同義
どちらも「つむぐ」という意味。

4 [ウ]
独吟：詩歌や謡曲などを一人で吟じること。
構成 独 —→ 吟 修飾
独りで吟じる。

5 [ウ]
緒論：本論の導入部として最初に述べられる論説。
構成 緒 —→ 論 修飾
いとぐちとなる論説。

6 [イ]
巧拙：上手と下手。
構成 巧 ←→ 拙 対義
「巧みなこと」と「拙いこと」、反対の意味。

7 [ア]
霊魂：肉体に宿り、心をつかさどると言われる存在。
構成 霊 ＝＝ 魂 同義
どちらも「たましい」という意味。

8 [イ]
隠顕：隠れたり見えたりすること。
構成 隠 ←→ 顕 対義
「隠れる」と「あらわれる」、反対の意味。

9 [ウ]
漆黒：つやのある黒。まっ黒。
構成 漆 —→ 黒 修飾
漆のような黒。

10 [エ]
随意：思いのままであること。
構成 随 ←— 意 目的
意にしたがう。

読み

部首

熟語の構成

四字熟語

対義語・類義語

同音・同訓異字

誤字訂正

送りがな

書き取り

熟語の構成②

熟語の構成のしかたには[____]内の**ア～オ**のようなものがある。次の熟語は[____]内の**ア～オ**のどれにあたるか、**一つ選び、記号**で答えよ。

☐☐ 1 懐郷 　　　　　　　　　　　　[　]

☐☐ 2 不振 　　　　　　　　　　　　[　]

ア	同じような意味の漢字を重ねたもの（岩石）
イ	反対または対応の意味を表す字を重ねたもの（高低）
ウ	前の字が後の字を修飾しているもの（洋画）
エ	後の字が前の字の目的語・補語になっているもの（着席）
オ	前の字が後の字の意味を打ち消しているもの（非常）

☐☐ 3 打撲 　　　　　　　　　　　　[　]

☐☐ 4 疎密 　　　　　　　　　　　　[　]

☐☐ 5 痴態 　　　　　　　　　　　　[　]

☐☐ 6 余剰 　　　　　　　　　　　　[　]

☐☐ 7 偏在 　　　　　　　　　　　　[　]

☐☐ 8 硝煙 　　　　　　　　　　　　[　]

☐☐ 9 殉教 　　　　　　　　　　　　[　]

☐☐ 10 点滅 　　　　　　　　　　　　[　]

標準解答　　**解　説**

1〔 エ 〕
懐郷：ふるさとを懐かしむこと。
構成 懐 ←— 郷 目的
故郷を懐かしむ。

2〔 オ 〕
不振：成績や業績などが振るわないこと。
構成 不 × 振 打消
振るわない。

3〔 ア 〕
打撲：体を強くうちつけたりたたいたりすること。
構成 打 === 撲 同義
どちらも「うつ」という意味。

4〔 イ 〕
疎密：粗雑であることと精密であること。
構成 疎 ←→ 密 対義
「まばら」と「細かい」、反対の意味。

5〔 ウ 〕
痴態：ばかげた態度。
構成 痴 —→ 態 修飾
おろかなありさま。

6〔 ア 〕
余剰：必要な分を除いた残り。
構成 余 === 剰 同義
どちらも「あまり。残り。」という意味。

7〔 ウ 〕
偏在：偏って存在すること。
構成 偏 —→ 在 修飾
偏って存在する。

8〔 ウ 〕
硝煙：火薬が燃えて出る煙。
構成 硝 —→ 煙 修飾
火薬の煙。

9〔 エ 〕
殉教：信仰のために命をささげること。
構成 殉 ←— 教 目的
宗教に命をささげる。

10〔 イ 〕
点滅：灯火がついたり消えたりすること。
構成 点 ←→ 滅 対義
「つく」と「消える」、反対の意味。

257

熟語の構成③

熟語の構成のしかたには[____]内の**ア〜オ**のようなものがある。次の熟語は[____]内の**ア〜オ**のどれにあたるか、**一つ**選び、**記号**で答えよ。

☐☐ 1 争覇　　　　　　　　　　［　　］

☐☐ 2 不詳　　　　　　　　　　［　　］

☐☐ 3 孤塁　　　　　　　　　　［　　］

☐☐ 4 知謀　　　　　　　　　　［　　］

☐☐ 5 雅俗　　　　　　　　　　［　　］

☐☐ 6 愉悦　　　　　　　　　　［　　］

☐☐ 7 添削　　　　　　　　　　［　　］

☐☐ 8 浄財　　　　　　　　　　［　　］

☐☐ 9 広漠　　　　　　　　　　［　　］

☐☐ 10 罷業　　　　　　　　　　［　　］

> ア　同じような意味の漢字を重ねたもの
> 　　　　　　　（岩石）
>
> イ　反対または対応の意味を表す字を重ねたもの
> 　　　　　　　（高低）
>
> ウ　前の字が後の字を修飾しているもの
> 　　　　　　　（洋画）
>
> エ　後の字が前の字の目的語・補語になっているもの　　（着席）
>
> オ　前の字が後の字の意味を打ち消しているもの
> 　　　　　　　（非常）

標準解答　　　　　解 説

1 [エ]
争覇：覇権を争うこと。
構成 争 ← 覇 目的
覇権を争う。

2 [オ]
不詳：よくわからないこと。
構成 不 × 詳 打消
詳しくわからない。

3 [ウ]
孤塁：ただ一つだけの根拠地。
構成 孤 → 塁 修飾
孤立したとりで。

4 [ウ]
知謀：知恵を働かせた策略。
構成 知 → 謀 修飾
知恵を働かせたはかりごと。

5 [イ]
雅俗：上品なものと俗っぽいもの。
構成 雅 ← → 俗 対義
「風雅」と「卑俗」、反対の意味。

6 [ア]
愉悦：心から喜び楽しむこと。
構成 愉 ＝ 悦 同義
どちらも「楽しむ」という意味。

7 [イ]
添削：他人の文章の悪い部分を直すこと。
構成 添 ← → 削 対義
言葉を「書き加えること」と「けずること」、反対の意味。

8 [ウ]
浄財：寺社や慈善事業などに寄付する金。
構成 浄 → 財 修飾
きよらかな財。

9 [ア]
広漠：広く果てしない様子。
構成 広 ＝ 漠 同義
どちらも「ひろい。はてしない。」という意味。

10 [エ]
罷業：業務をやめること。
構成 罷 ← 業 目的
作業をやめる。

読み　部首　熟語の構成　四字熟語　対義語・類義語　同音・同訓異字　誤字訂正　送りがな　書き取り

熟語の構成④

熟語の構成のしかたには　　　内の**ア〜オ**のようなものがある。
次の熟語は　　　内の**ア〜オ**のどれにあたるか、**一つ**選び、**記号**で答えよ。

☐☐ 1　赴任　　　　　　　　　　　　　［　　］

☐☐ 2　模擬　　　　　　　　　　　　　［　　］

　　　　　　　　　ア　同じような意味の漢字
☐☐ 3　朗詠　　　　　　　を重ねたもの　　　　　［　　］
　　　　　　　　　　　　　　　　（岩石）

☐☐ 4　精粗　　　　イ　反対または対応の意味
　　　　　　　　　　　を表す字を重ねたもの　　［　　］
　　　　　　　　　　　　　　　　（高低）

☐☐ 5　濫獲　　　　ウ　前の字が後の字を修飾
　　　　　　　　　　　しているもの　　　　　　［　　］
　　　　　　　　　　　　　　　　（洋画）

☐☐ 6　無尽　　　　　　　　　　　　　［　　］

　　　　　　　　　エ　後の字が前の字の目的
☐☐ 7　叙景　　　　　語・補語になっている　　［　　］
　　　　　　　　　　　もの　　　　（着席）

☐☐ 8　公僕　　　　オ　前の字が後の字の意味
　　　　　　　　　　　を打ち消しているもの　　［　　］
　　　　　　　　　　　　　　　　（非常）

☐☐ 9　抑圧　　　　　　　　　　　　　［　　］

☐☐ 10　贈答　　　　　　　　　　　　　［　　］

標準解答　　　　解　説

1 [エ]
赴任：勤め先のある土地に行くこと。
構成 赴 ←── 任 目的
任地へ赴く。

2 [ア]
模擬：本物と同じようにすること。
構成 模 ══ 擬 同義
どちらも「似せる。まねる。」という意味。

3 [ウ]
朗詠：詩歌を、声高く歌うこと。
構成 朗 ──→ 詠 修飾
たからかにうたう。朗は「たからか」という意味。

4 [イ]
精粗：細かいこととあらいこと。
構成 精 ←→ 粗 対義
「精密」と「粗雑」、反対の意味。

5 [ウ]
濫獲：魚や鳥獣をむやみにとること。
構成 濫 ──→ 獲 修飾
みだりにつかまえる。

6 [オ]
無尽：尽きることがないこと。
構成 無 × 尽 打消
尽きることがない。

7 [エ]
叙景：風景を文章に書くこと。
構成 叙 ←── 景 目的
風景をのべる。

8 [ウ]
公僕：公衆のために働く人。
構成 公 ──→ 僕 修飾
公衆のしもべ。

9 [ア]
抑圧：無理に行動や欲望をおさえつけること。
構成 抑 ══ 圧 同義
どちらも「抑えつける」という意味。

10 [イ]
贈答：ものをおくったり返礼をしたりすること。
構成 贈 ←→ 答 対義
「おくり与える」と「こたえる」、反対の意味。

四字熟語①

　　　　内のひらがなを**漢字**にして（1～10）に入れ、**四字熟語**を完成せよ。　　　　内のひらがなは一度だけ使い、**漢字一字**で答えよ。
また、**11～15の意味**にあてはまるものを**ア～コ**の四字熟語から**一つ**選び、**記号**で答えよ。

□□ 1	ア	喜怒（ **1** ）楽	[　]
□□ 2	イ	（ **2** ）利多売	[　]
□□ 3	ウ	真実一（ **3** ）	[　]
□□ 4	エ	比（ **4** ）連理	[　]
□□ 5	オ	（ **5** ）逆無道	[　]
□□ 6	カ	群雄割（ **6** ）	[　]
□□ 7	キ	怒髪（ **7** ）天	[　]
□□ 8	ク	金（ **8** ）湯池	[　]
□□ 9	ケ	一朝一（ **9** ）	[　]
□□ 10	コ	昼夜（ **10** ）行	[　]

あい
あく
きょ
けん
しょう
じょう
せき
はく
よく
ろ

□□ 11	激しくいきどおる形相。	[　]
□□ 12	男女の情愛が深いことのたとえ。	[　]
□□ 13	偽りなく正直に生きること。	[　]
□□ 14	多くの実力者が互いに勢力を競うこと。	[　]
□□ 15	非常に守りがたいこと。	[　]

（標準解答）　　　（解　説）

1 〔 哀 〕 喜怒哀楽：人間の持っているさまざまな感情。

2 〔 薄 〕 薄利多売：利益を少なくして、品物を多く売ること。

3 〔 路 〕 真実一路：偽りなく正直に生きること。

4 〔 翼 〕 比翼連理：男女の情愛が深いことのたとえ。

5 〔 悪 〕 悪逆無道：人としての道にはずれた行い。

6 〔 拠 〕 群雄割拠：多くの実力者が互いに勢力を競うこと。

7 〔 衝 〕 怒髪衝天：激しくいきどおる形相。

8 〔 城 〕 金城湯池：非常に守りがかたいこと。

9 〔 夕 〕 一朝一夕：ほんのわずかな期間。

10 〔 兼 〕 昼夜兼行：昼と夜の区別なく、続けて物事を行うこと。

11 〔 キ 〕 怒髪衝天　類 怒髪衝冠

12 〔 エ 〕 比翼連理

13 〔 ウ 〕 真実一路

14 〔 カ 〕 群雄割拠　類 治乱興亡

15 〔 ク 〕 金城湯池　類 金城鉄壁、難攻不落、湯池鉄城

読み

部首

熟語の構成

四字熟語

対義語・類義語

同音・同訓異字

誤字訂正

送りがな

書き取り

四字熟語②

内のひらがなを**漢字**にして（1〜10）に入れ、**四字熟語**を完成せよ。　内のひらがなは一度だけ使い、**漢字一字**で答えよ。また、11〜15の意味にあてはまるものを**ア〜コの四字熟語**から**一つ**選び、**記号**で答えよ。

□□ 1	ア　公平無（　1　）	〔　　　〕
□□ 2	イ　多岐（　2　）羊	〔　　　〕
□□ 3	ウ　軽（　3　）妄動	〔　　　〕
□□ 4	エ　狂喜乱（　4　）	〔　　　〕
□□ 5	オ　流言（　5　）語	〔　　　〕
□□ 6	カ　意志（　6　）弱	〔　　　〕
□□ 7	キ　尋常一（　7　）	〔　　　〕
□□ 8	ク　（　8　）城落日	〔　　　〕
□□ 9	ケ　異国（　9　）緒	〔　　　〕
□□ 10	コ　（　10　）合集散	〔　　　〕

きょ
こ
し
じょう
はく
ひ
ぶ
ぼう
よう
り

□□ 11	出所不明の根拠のないうわさ。	〔　　〕
□□ 12	方針がありすぎて迷うこと。	〔　　〕
□□ 13	ごくあたりまえで、他とかわらないさま。	〔　　〕
□□ 14	かつての勢いを失い心細いことのたとえ。	〔　　〕
□□ 15	よく考えず、分別のない行いをするさま。	〔　　〕

標準解答 / 解 説

1 [私]　公平無私：平等で、個人的な気持ちや利害に左右されないこと。

2 [亡]　多岐亡羊：方針がありすぎて迷うこと。

3 [挙]　軽挙妄動：よく考えず、分別のない行いをするさま。

4 [舞]　狂喜乱舞：非常に喜ぶさま。

5 [飛]　流言飛語：出所不明の根拠のないうわさ。

6 [薄]　意志薄弱：自分の明確な意志をもたないさま。

7 [様]　尋常一様：ごくあたりまえで、他とかわらないさま。

8 [孤]　孤城落日：かつての勢いを失い心細いことのたとえ。

9 [情]　異国情緒：いかにも外国らしい風物がかもしだす雰囲気や気分。

10 [離]　離合集散：はなれたり集まったりすること。

11 [オ]　流言飛語

12 [イ]　多岐亡羊　類 岐路亡羊

13 [キ]　尋常一様

14 [ク]　孤城落日　類 孤城落月、孤立無援

15 [ウ]　軽挙妄動

読み / 部首 / 熟語の構成 / 四字熟語 / 対義語・類義語 / 同音・同訓異字 / 誤字訂正 / 送りがな / 書き取り

265

:::::内のひらがなを**漢字**にして（1〜10）に入れ、**四字熟語**を完成せよ。:::::内のひらがなは一度だけ使い、**漢字一字**で答えよ。また、11〜15の**意味**にあてはまるものを**ア〜コの四字熟語**から**一つ**選び、**記号**で答えよ。

☐☐ 1 ア 一（ 1 ）千里 ［　　　］

☐☐ 2 イ 詩歌管（ 2 ） ［　　　］

☐☐ 3 ウ 良風美（ 3 ） ［　　　］

☐☐ 4 エ （ 4 ）学非才 ［　　　］

☐☐ 5 オ 九分九（ 5 ） ［　　　］

☐☐ 6 カ 胆大（ 6 ）小 ［　　　］

☐☐ 7 キ （ 7 ）善懲悪 ［　　　］

☐☐ 8 ク 明鏡（ 8 ）水 ［　　　］

☐☐ 9 ケ 金科玉（ 9 ） ［　　　］

☐☐ 10 コ 気（ 10 ）万丈 ［　　　］

> えん
> かん
> げん
> し
> じょう
> しん
> せん
> ぞく
> ぼう
> りん

☐☐ 11 自らの見識をへりくだっていう言葉。 ［　　　］

☐☐ 12 健康的ですばらしいならわし。 ［　　　］

☐☐ 13 邪念がなく、気持ちが澄み切っていること。 ［　　　］

☐☐ 14 大胆でありながら、細かな注意も払うこと。 ［　　　］

☐☐ 15 絶対に守るべき決まりや教え。 ［　　　］

標準解答　　　解　説

1 〔 望 〕 一望千里：非常に見晴らしのよいことのたとえ。

2 〔 弦 〕 詩歌管弦：文学と音楽のこと。

3 〔 俗 〕 良風美俗：健康的ですばらしいならわし。

4 〔 浅 〕 浅学非才：自らの見識をへりくだっていう言葉。

5 〔 厘 〕 九分九厘：ほぼ間違いなく確実なこと。

6 〔 心 〕 胆大心小：大胆でありながら、細かな注意も払うこと。

7 〔 勧 〕 勧善懲悪：善行を奨励して、悪行を懲らしめ、悪い行いをしないようにしむけること。

8 〔 止 〕 明鏡止水：邪念がなく、気持ちが澄み切っていること。

9 〔 条 〕 金科玉条：絶対に守るべき決まりや教え。

10 〔 炎 〕 気炎万丈：他を圧倒するほど意気盛んであること。

11 〔 エ 〕 浅学非才　類 浅学短才、浅知短才

12 〔 ウ 〕 良風美俗

13 〔 ク 〕 明鏡止水

14 〔 カ 〕 胆大心小　類 胆大心細

15 〔 ケ 〕 金科玉条　類 金科玉律

四字熟語④

　　　　内のひらがなを**漢字**にして（1〜10）に入れ、**四字熟語**を
完成せよ。　　　　内のひらがなは一度だけ使い、**漢字一字**で答えよ。
また、11〜15の**意味**にあてはまるものを**ア〜コの四字熟語**から**一つ**
選び、**記号**で答えよ。

□□ 1	ア　一知（ **1** ）解	〔　　　〕
□□ 2	イ　（ **2** ）苦勉励	〔　　　〕
□□ 3	ウ　（ **3** ）志弱行	〔　　　〕
□□ 4	エ　（ **4** ）厳実直	〔　　　〕
□□ 5	オ　酔生（ **5** ）死	〔　　　〕
□□ 6	カ　一意（ **6** ）心	〔　　　〕
□□ 7	キ　免許（ **7** ）伝	〔　　　〕
□□ 8	ク　晴（ **8** ）雨読	〔　　　〕
□□ 9	ケ　（ **9** ）大妄想	〔　　　〕
□□ 10	コ　泰然自（ **10** ）	〔　　　〕

かい
きん
こ
こう
こっ
じゃく
せん
はく
はん
む

□□ 11	気概に欠け決断力がないこと。	〔　　〕
□□ 12	何をするでもなく一生を終えること。	〔　　〕
□□ 13	力を尽くし仕事や勉学にはげむこと。	〔　　〕
□□ 14	俗事にとらわれず、ゆったりと暮らすこと。	〔　　〕
□□ 15	ひたすら、ある一つの物事に打ち込むこと。	〔　　〕

（標準解答）　　（解　説）

1 〔 半 〕　一知半解：自分のものになっていない、なまはんかな知識や理解のこと。

2 〔 刻 〕　刻苦勉励：力を尽くし仕事や勉学にはげむこと。

3 〔 薄 〕　薄志弱行：気概に欠け決断力がないこと。

4 〔 謹 〕　謹厳実直：きわめてつつしみ深く、誠実で正直なこと。

5 〔 夢 〕　酔生夢死：何をするでもなく一生を終えること。

6 〔 専 〕　一意専心：ひたすら、ある一つの物事に打ち込むこと。

7 〔 皆 〕　免許皆伝：極意を伝授すること。

8 〔 耕 〕　晴耕雨読：俗事にとらわれず、ゆったりと暮らすこと。

9 〔 誇 〕　誇大妄想：自分の現状を実際以上に想像して、事実のように思い込むこと。

10 〔 若 〕　泰然自若：何か事が起こっても、落ち着きはらって少しも動じないさま。

11 〔 ウ 〕　薄志弱行　**類** 意志薄弱、優柔不断

12 〔 オ 〕　酔生夢死　**類** 遊生夢死

13 〔 イ 〕　刻苦勉励　**類** 刻苦精励

14 〔 ク 〕　晴耕雨読

15 〔 カ 〕　一意専心　**類** 一心一意、一心不乱、専心専意

読み

部首

熟語の構成

四字熟語

対義語・類義語

同音・同訓異字

誤字訂正

送りがな

書き取り

四字熟語⑤

:::::::内のひらがなを**漢字**にして（1～10）に入れ、**四字熟語**を完成せよ。:::::::内のひらがなは一度だけ使い、**漢字一字**で答えよ。また、11～15の**意味**にあてはまるものを**ア～コの四字熟語**から**一つ**選び、**記号**で答えよ。

☐☐ 1　ア　内憂外（ **1** ）　　　　　　　　　　［　　　］

☐☐ 2　イ　佳人（ **2** ）命　　　　　　　　　　［　　　］

☐☐ 3　ウ　朝三（ **3** ）四　　　　　　　　　　［　　　］

☐☐ 4　エ　時期（ **4** ）早　　　　　　　　　　［　　　］

☐☐ 5　オ　悪口（ **5** ）言　　　　　　　　　　［　　　］

☐☐ 6　カ　月下（ **6** ）人　　　　　　　　　　［　　　］

☐☐ 7　キ　器用貧（ **7** ）　　　　　　　　　　［　　　］

☐☐ 8　ク　大（ **8** ）一声　　　　　　　　　　［　　　］

☐☐ 9　ケ　一罰百（ **9** ）　　　　　　　　　　［　　　］

かい
かつ
かん
しょう
じん
ぞう
はく
ひょう
ぼ
ぼう

☐☐ 10　コ　（ **10** ）頭指揮　　　　　　　　　　［　　　］

☐☐ 11　何でもこなすが、中途半端で大成しないこと。　　　［　　　］

☐☐ 12　内にも外にも心配事があること。　　　　　　　　　［　　　］

☐☐ 13　目先の違いにとらわれてしまうこと。　　　　　　　［　　　］

☐☐ 14　見せしめに厳しく罰すること。　　　　　　　　　　［　　　］

☐☐ 15　結婚の仲立ちをするひと。　　　　　　　　　　　　［　　　］

標準解答　　　解説

1 〔 患 〕 内憂外患（ないゆうがいかん）：内にも外にも心配事があること。

2 〔 薄 〕 佳人薄命（かじんはくめい）：美人はとかく命が短いということ。

3 〔 暮 〕 朝三暮四（ちょうさんぼし）：目先の違いにとらわれてしまうこと。

4 〔 尚 〕 時期尚早（じきしょうそう）：ある事を行うには、まだ時期が早すぎること。

5 〔 雑 〕 悪口雑言（あっこうぞうごん）：さまざまにわるぐちを言うこと。

6 〔 氷 〕 月下氷人（げっかひょうじん）：結婚の仲立ちをするひと。

7 〔 乏 〕 器用貧乏（きようびんぼう）：何でもこなすが、中途半端で大成しないこと。

8 〔 喝 〕 大喝一声（だいかついっせい）：大声でどなりつけたり、しかりつけたりすること。

9 〔 戒 〕 一罰百戒（いちばつひゃっかい）：見せしめに厳しく罰すること。

10 〔 陣 〕 陣頭指揮（じんとうしき）：先頭に立って指揮すること。

11 〔 キ 〕 器用貧乏（きようびんぼう）

12 〔 ア 〕 内憂外患（ないゆうがいかん）

13 〔 ウ 〕 朝三暮四（ちょうさんぼし）

14 〔 ケ 〕 一罰百戒（いちばつひゃっかい）

15 〔 カ 〕 月下氷人　類 月下老人（げっかろうじん）

対義語・類義語①

次の 1 ～ 5 の**対義語**、6 ～ 10 の**類義語**を [____] 内から選び、**漢字**で記せ。[____] 内の語は一度だけ使うこと。

☐☐ 1		廃止	[ ]
☐☐ 2		専任	[ ]
☐☐ 3	対義語	謙虚	[ ]
☐☐ 4		正統	[ ]
☐☐ 5		尊敬	[ ]
☐☐ 6		貧苦	[ ]
☐☐ 7		動転	[ ]
☐☐ 8	類義語	交渉	[ ]
☐☐ 9		普通	[ ]
☐☐ 10		回復	[ ]

いたん
ぎょうてん
けいぶ
けんにん
こうまん
こんきゅう
じんじょう
そんぞく
だんぱん
ちゆ

	標準解答	解　説
1	存続	廃止：今までの制度・習慣・設備などをやめること。 存続：なくならないで、あること。
2	兼任	専任：ある仕事だけを、もっぱら受け持つこと。 兼任：二つ以上の仕事を受け持つこと。
3	高慢	謙虚：自分を誇らないで、へりくだること。 高慢：おごって人を見下すこと。
4	異端	正統：始祖の教えを正しく受け継いでいること。 異端：始祖の教えに反していること。
5	軽侮	尊敬：他人の人格・見識・行為などを敬うこと。 軽侮：見下してばかにすること。
6	困窮	貧苦：まずしくて生活に苦しむこと。 困窮：まずしくてこまり果てること。
7	仰天	動転：たいへん驚くこと。 仰天：ひどくびっくりすること。
8	談判	交渉：相手にかけあうこと。 談判：相手と話し合うこと。
9	尋常	普通：特に変わっておらず、ありふれていること。 尋常：あたりまえであること。人並みであること。
10	治癒	回復：病気がよくなること。 治癒：病気やけががなおること。

273

対義語・類義語②

次の1～5の**対義語**、6～10の**類義語**を　　内から選び、
漢字で記せ。　　内の語は一度だけ使うこと。

□□ 1		隆起	[　　]
□□ 2		記憶	[　　]
□□ 3	対義語	冷静	[　　]
□□ 4		冗長	[　　]
□□ 5		固辞	[　　]
□□ 6		豊富	[　　]
□□ 7		湯船	[　　]
□□ 8	類義語	解任	[　　]
□□ 9		道端	[　　]
□□ 10		冷酷	[　　]

かいだく
かんけつ
かんぼつ
じゅんたく
ねっきょう
はくじょう
ひめん
ぼうきゃく
よくそう
ろぼう

1回目 /10問　2回目 /10問

▶▶▶1章
▶▶▶2章
▶▶▶3章

	標準解答	解説
1	陥没	隆起（りゅうき）：高く盛り上がること。 陥没（かんぼつ）：落ち込み、くぼむこと。
2	忘却	記憶（きおく）：経験したことや覚えたことをわすれずにいること。 忘却（ぼうきゃく）：わすれ去ること。
3	熱狂	冷静（れいせい）：感情に左右されず、落ち着いているさま。 熱狂（ねっきょう）：非常に興奮し夢中になるさま。
4	簡潔	冗長（じょうちょう）：的を射ずに長たらしいさま。 簡潔（かんけつ）：要領よくまとまっているさま。
5	快諾	固辞（こじ）：いくらすすめられても断り続けること。 快諾（かいだく）：気持ちよく承知すること。
6	潤沢	豊富（ほうふ）：物がたっぷりあること。 潤沢（じゅんたく）：うるおって豊かなこと。
7	浴槽	湯船（ゆぶね）：ふろのときに湯を張り、人がその中に入るおけ。 浴槽（よくそう）：ふろの湯を入れる大きなおけ。
8	罷免	解任（かいにん）：職務や任務を辞めさせること。 罷免（ひめん）：職務を辞めさせること。
9	路傍	道端（みちばた）：道のはし。 路傍（ろぼう）：道のほとり。
10	薄情	冷酷（れいこく）：思いやりがなく、むごいこと。 薄情（はくじょう）：思いやる気持ちがうすいこと。

読み

部首

熟語の構成

四字熟語

対義語・類義語

同音・同訓異字

誤字訂正

送りがな

書き取り

対義語・類義語③

次の 1 ～ 5 の**対義語**、6 ～ 10 の**類義語**を⬚⬚⬚内から選び、**漢字**で記せ。⬚⬚⬚内の語は一度だけ使うこと。

☐☐ 1		進出	[ ]
☐☐ 2		国産	[ ]
☐☐ 3	対義語	威圧	[ ]
☐☐ 4		諮問	[ ]
☐☐ 5		荘重	[ ]
☐☐ 6		同等	[ ]
☐☐ 7		昼寝	[ ]
☐☐ 8	類義語	継承	[ ]
☐☐ 9		全治	[ ]
☐☐ 10		心配	[ ]

かいじゅう

けいかい

ごすい

てったい

とうしゅう

とうしん

はくらい

ひってき

へいゆ

ゆうりょ

標準解答 | 解説

1 [撤退]
進出：新しい分野や場所などに進み出ること。
撤退：拠点などを引き払ってしりぞくこと。

2 [舶来]
国産：国内で作られること。
舶来：外国から運ばれてくること。

3 [懐柔]
威圧：強い力によっておさえつけること。
懐柔：うまい言葉で自分の思い通りにさせること。

4 [答申]
諮問：専門知識のある個人や機関に、意見を求めること。
答申：上役の問いを検討し、意見を出すこと。

5 [軽快]
荘重：おごそかで重々しいさま。
軽快：心がはずむさま。

6 [匹敵]
同等：価値・程度などが同じであること。
匹敵：能力や価値などが同じくらいにあること。

7 [午睡]
昼寝：昼間にねること。
午睡：昼間にねること。

8 [踏襲]
継承：先代の地位・財産・権利・義務などを受け継ぐこと。
踏襲：以前のやり方を受け継ぐこと。

9 [平癒]
全治：病気や傷などが完全に治ること。
平癒：病気が治ること。

10 [憂慮]
心配：気にかけて思いわずらうこと。
憂慮：心配して思いわずらうこと。

対義語・類義語④

次の1～5の**対義語**、6～10の**類義語**を [____] 内から選び、**漢字**で記せ。[____] 内の語は一度だけ使うこと。

□□ 1		暫時	[　　　]
□□ 2		巧妙	[　　　]
□□ 3	対義語	栄転	[　　　]
□□ 4		賢明	[　　　]
□□ 5		雅語	[　　　]
□□ 6		火急	[　　　]
□□ 7		奮戦	[　　　]
□□ 8	類義語	根絶	[　　　]
□□ 9		難局	[　　　]
□□ 10		頑丈	[　　　]

あんぐ
かんとう
きゅうち
けんご
こうきゅう
させん
せっぱく
せつれつ
ぞくご
ぼくめつ

標準解答 | 解説

1 [恒久]
暫時：しばらくの間。
恒久：いつまでも変わらないこと。

2 [拙劣]
巧妙：たくみで見事なこと。
拙劣：下手でおとっていること。

3 [左遷]
栄転：今よりも上の地位を得て、転任すること。
左遷：前より低い役職に落とすこと。

4 [暗愚]
賢明：すぐれた判断力があること。
暗愚：道理がわからず、おろかなこと。

5 [俗語]
雅語：みやびやかで正しい言葉。
俗語：くだけた言葉。

6 [切迫]
火急：差しせまっていて、急がなければならないこと。
切迫：重大な事態が差しせまること。

7 [敢闘]
奮戦：力をふるって戦うこと。
敢闘：勇ましく戦うこと。

8 [撲滅]
根絶：根本から徹底的になくすこと。
撲滅：完全になくすこと。

9 [窮地]
難局：対応のむずかしい情勢や事態。
窮地：苦しい立場や状態。

10 [堅固]
頑丈：丈夫でしっかりしているさま。
堅固：守りがしっかりしているさま。

読み
部首
熟語の構成
四字熟語
対義語・類義語
同音・同訓異字
誤字訂正
送りがな
書き取り

対義語・類義語⑤

次の1～5の**対義語**、6～10の**類義語**を[_____]内から選び、**漢字**で記せ。[_____]内の語は一度だけ使うこと。

		選択肢	解答
対義語	□□ 1 欠乏	いかん	[ ]
	□□ 2 発病	かもく	[ ]
	□□ 3 模倣	けいが	[ ]
	□□ 4 妥結	けつれつ	[ ]
	□□ 5 多弁	じゅうそく	[ ]
類義語	□□ 6 激怒	たんがん	[ ]
	□□ 7 残念	ちゆ	[ ]
	□□ 8 卑近	つうぞく	[ ]
	□□ 9 哀訴	どくそう	[ ]
	□□ 10 祝福	ふんがい	[ ]

標準解答　　　　解　説

読み

部首

熟語の構成

四字熟語

対義語・類義語

同音・同訓異字

誤字訂正

送りがな

書き取り

1 ［ 充足 ］
欠乏：必要なものが、たりなくなること。
充足：満ちたりること。

2 ［ 治癒 ］
発病：病気になること。
治癒：病気やけががなおること。

3 ［ 独創 ］
模倣：すでにあるものをまねること。
独創：他をまねず、自身の考えでつくり出すこと。

4 ［ 決裂 ］
妥結：対立する両者が折れ合って、約束を結ぶこと。
決裂：意見が合わず物別れに終わること。

5 ［ 寡黙 ］
多弁：くちかずが多いこと。
寡黙：くちかずの少ないこと。

6 ［ 憤慨 ］
激怒：ひどく怒ること。
憤慨：非常に腹を立ててなげくこと。

7 ［ 遺憾 ］
残念：心残りのするさま。
遺憾：思いどおりにならず心残りなこと。

8 ［ 通俗 ］
卑近：日常ありふれたこと。
通俗：世間並み。

9 ［ 嘆願 ］
哀訴：相手の同情をひくように訴えること。
嘆願：心から頼むこと。

10 ［ 慶賀 ］
祝福：幸いを祝い祈ること。
慶賀：めでたいことを祝うこと。

281

同音・同訓異字①

次の――線の**カタカナ**を**漢字**に直せ。

- 1 国家の財政が**キュウ**迫する。　　　[　　　]
- 2 試験で**キュウ**第点をとる。　　　　[　　　]

- 3 若くして世の**シン**酸をなめてきた。[　　　]
- 4 新しい仕事を打**シン**する。　　　　[　　　]

- 5 多額の負**サイ**で生活が苦しい。　　[　　　]
- 6 精**サイ**を欠いた演技だ。　　　　　[　　　]

- 7 皆さんのご意見を**ハイ**聴したい。　[　　　]
- 8 母校から著名な科学者が**ハイ**出した。[　　　]

- 9 白鳥が湖に**ム**れる。　　　　　　　[　　　]
- 10 ご飯がふっくらと**ム**れる。　　　　[　　　]

<table>
<tr><td>標準解答</td><td>解説</td></tr>
</table>

1 [窮] 窮迫（きゅうはく）：貧しくて困り果てること。

2 [及] 及第（きゅうだい）：合格すること。

3 [辛] 辛酸（しんさん）：つらく苦しいこと。

4 [診] 打診（だしん）：相手に軽く働きかけて様子を探ること。

5 [債] 負債（ふさい）：他から借りた金。

6 [彩] 精彩（せいさい）：活気があるさま。

7 [拝] 拝聴（はいちょう）：「聞く」の謙譲表現。

8 [輩] 輩出（はいしゅつ）：優れた人物が次々と世にでること。

9 [群] 群（む）れる：多くの生物が同じ場所に集まる。

10 [蒸] 蒸（む）れる：湯気で熱が通る。

読み　部首　熟語の構成　四字熟語　対義語・類義語　**同音・同訓異字**　誤字訂正　送りがな　書き取り

同音・同訓異字②

次の──線の**カタカナ**を**漢字**に直せ。

1 うまくいくように便**ギ**を図る。 〔　　　　〕

2 茶道にはさまざまな流**ギ**がある。 〔　　　　〕

3 波を受けてカヌーが転**プク**する。 〔　　　　〕

4 部下が全**プク**の信頼を寄せる人物だ。 〔　　　　〕

5 山での**シュ**猟が解禁される。 〔　　　　〕

6 囲碁の団体戦で**シュ**勲を立てる。 〔　　　　〕

7 多くの手続きに**ボウ**殺される。 〔　　　　〕

8 見事な手さばきに脱**ボウ**する。 〔　　　　〕

9 祖父は孫の**モ**リをしている。 〔　　　　〕

10 名簿に**モ**れがないように気をつける。 〔　　　　〕

標準解答 | 解説

1 [宜] <ruby>便宜<rt>べんぎ</rt></ruby>：都合がよいようにはからうこと。

2 [儀] <ruby>流儀<rt>りゅうぎ</rt></ruby>：やり方。

3 [覆] <ruby>転覆<rt>てんぷく</rt></ruby>：ひっくり返ること。

4 [幅] <ruby>全幅<rt>ぜんぷく</rt></ruby>：あらんかぎり。

5 [狩] <ruby>狩猟<rt>しゅりょう</rt></ruby>：鉄砲やわなで野生の鳥獣をとらえること。

6 [殊] <ruby>殊勲<rt>しゅくん</rt></ruby>：特にすぐれた成績。

7 [忙] <ruby>忙殺<rt>ぼうさつ</rt></ruby>：非常にいそがしいこと。

8 [帽] <ruby>脱帽<rt>だつぼう</rt></ruby>：相手に敬服すること。

9 [守] <ruby>守<rt>も</rt></ruby>り：子どもの世話をすること。番人をすること。

10 [漏] <ruby>漏<rt>も</rt></ruby>れ：必要な内容が抜け落ちていること。

読み / 部首 / 熟語の構成 / 四字熟語 / 対義語・類義語 / 同音・同訓異字 / 誤字訂正 / 送りがな / 書き取り

285

同音・同訓異字③

次の——線の**カタカナ**を**漢字**に直せ。

□□ 1 <u>セン</u>水艦で海底を調べる。　　　　[　　]

□□ 2 一大<u>セン</u>風が吹き荒れた。　　　　　[　　]

□□ 3 有名な作曲家による話題の新<u>プ</u>を試　[　　]
　　　聴した。

□□ 4 あの美しい歌声は天<u>プ</u>のオだ。　　　[　　]

□□ 5 帰宅時の雑<u>トウ</u>の中を歩く。　　　　[　　]

□□ 6 戸籍<u>トウ</u>本を提出する。　　　　　　[　　]

□□ 7 発<u>ポウ</u>スチロールの箱で保冷する。　[　　]

□□ 8 プロ野球選手の年<u>ポウ</u>が高騰する。　[　　]

□□ 9 海面に魚が<u>ハ</u>ねる。　　　　　　　　[　　]

□□ 10 雨の日に長靴を<u>ハ</u>いた。　　　　　　[　　]

	標準解答	解説

1 〔 潜 〕 潜水：水中にもぐること。

2 〔 旋 〕 旋風：突発的に社会に与える動揺。

3 〔 譜 〕 新譜：新しく発売される楽曲。

4 〔 賦 〕 天賦：生まれつき。

5 〔 踏 〕 雑踏：人混み。

6 〔 謄 〕 謄本：もとの文書を全て写した書類。

7 〔 泡 〕 発泡：あわが出ること。

8 〔 俸 〕 年俸：一年単位で支払われる給料。

9 〔 跳 〕 跳ねる：とび上がる。

10 〔 履 〕 履く：はきものを身につける。

読み

部首

熟語の構成

四字熟語

対義語・類義語

同音・同訓異字

誤字訂正

送りがな

書き取り

287

誤字訂正①

次の各文にまちがって使われている**同じ読み**の漢字が**一字**ある。
誤字と、**正しい漢字**を答えよ。

誤　　正

☐☐ 1 市はブロック塀の倒壊事故を問題視し、公供施設の一斉点検を命じた。 〔 〕→〔 〕

☐☐ 2 中国産の漢方薬の原料価格が高騰し、安定的な徴達が不安視されている。 〔 〕→〔 〕

☐☐ 3 地元の食材を使った料理の開発が、観光振興や地域活性化に一役飼っている。 〔 〕→〔 〕

☐☐ 4 地方では、少子化による人口減少のため学校の統配合が進む。 〔 〕→〔 〕

☐☐ 5 長年の件案であった問題について解決策の検討を始めた。 〔 〕→〔 〕

☐☐ 6 社長は会見で、海外に展開している工場を漸次国内に移す可能性を示査した。 〔 〕→〔 〕

☐☐ 7 新たな証言で、盟宮入りと思われた事件の容疑者が逮捕された。 〔 〕→〔 〕

☐☐ 8 新技術の開発発表による影響で、株式市場が活境を示した。 〔 〕→〔 〕

☐☐ 9 注意を怠ったことが、前例のない不詳事を招く結果につながった。 〔 〕→〔 〕

☐☐ 10 老後の安定した生活に備えて計画的に貯蓄することを将励する。 〔 〕→〔 〕

標準解答

解 説

誤　正

1 [供]→[共] 公共：社会一般。

2 [徴]→[調] 調達：必要な金品を用意すること。

3 [飼]→[買] 買う：金を払い自分のものにすること。
✎「一役買う」は「ある役割を引き受けて手助けする」という意味。

4 [配]→[廃] 統廃合：組織などをなくしたり一つにまとめたりすること。

5 [件]→[懸] 懸案：問題になりながらも未解決の事柄。

6 [査]→[唆] 示唆：それとなくヒントをしめし知らせること。

7 [盟]→[迷] 迷宮：一度入ると簡単には出られない建物。
✎「迷宮入り」は「犯罪事件などが容易には解決できない状態になる」という意味。

8 [境]→[況] 活況：景気がよく、売買がさかんな様子。

9 [詳]→[祥] 不祥事：都合が悪くて好ましくない事件。

10 [将]→[奨] 奨励：高く評価し、人に強くすすめること。

誤字訂正②

次の各文にまちがって使われている**同じ読みの漢字**が**一字**ある。
誤字と、**正しい漢字**を答えよ。

誤　　正

- [ ] [ ] 1 目撃者の少ない事件の証拠集めは暗照に乗り上げた。 [ ]→[ ]

- [ ] [ ] 2 世界的な映画監督が急征したことを受け、著名人が追悼の言葉を寄せた。 [ ]→[ ]

- [ ] [ ] 3 干型にはエサとなる生き物が多数生息しているため野鳥が頻繁に訪れる。 [ ]→[ ]

- [ ] [ ] 4 敵に方囲され物資の補給路を遮断された部隊は、一気に劣勢に立たされた。 [ ]→[ ]

- [ ] [ ] 5 人工知能を投載したロボット掃除機が普及してきている。 [ ]→[ ]

- [ ] [ ] 6 北国の豪雪地帯の子どもたちは、暖かな春の踏来を心待ちにしている。 [ ]→[ ]

- [ ] [ ] 7 長年王者として訓臨した選手が故障の影響で挑戦者に敗北した。 [ ]→[ ]

- [ ] [ ] 8 航空機の軽量化に不可決な素材の需要が高まる。 [ ]→[ ]

- [ ] [ ] 9 絶滅の虞がある貴少な鳥を繁殖させる活動に、遺伝情報を活用する。 [ ]→[ ]

- [ ] [ ]10 活版印刷は版が摩毛するという短所があるが、独特の味わいが魅力だ。 [ ]→[ ]

標準解答　　　　　解　説

誤　　正

1 ［照］→［礁］ 暗礁：急にあらわれた困難。

2 ［征］→［逝］ 急逝：急に死ぬこと。

3 ［型］→［潟］ 干潟：引き潮のときにあらわれる粘土や泥の海岸。

4 ［方］→［包］ 包囲：まわりを取りかこむこと。

5 ［投］→［搭］ 搭載：装備すること。積み込むこと。

6 ［踏］→［到］ 到来：やってくること。

7 ［訓］→［君］ 君臨：ある分野で他の者をおさえて力をふるうこと。

8 ［決］→［欠］ 不可欠：なくてはならないこと。

9 ［貴］→［希］ 希少：きわめてすくないこと。

10 ［毛］→［耗］ 摩耗：すり減ること。

読み

部首

熟語の構成

四字熟語

対義語・類義語

同音・同訓異字

誤字訂正

送りがな

書き取り

誤字訂正③

次の各文にまちがって使われている**同じ読み**の漢字が**一字**ある。**誤字**と、**正しい漢字**を答えよ。

誤　　正

☐☐ 1 被告人に執行裕予付きの判決が言い渡される。　[ ]→[ ]

☐☐ 2 石油の価格暴投は工業に大きな打撃を与え、製品の供給不足となった。　[ ]→[ ]

☐☐ 3 容疑者の死去により警察の操査が打ち切られた。　[ ]→[ ]

☐☐ 4 大学名や会社名だけでなく、所持資格や実績を裏歴書に記入した。　[ ]→[ ]

☐☐ 5 事故の多い交差点では、車両にも通行人にも注意を勧起する必要がある。　[ ]→[ ]

☐☐ 6 宇宙センターは、人工衛星が地球周回の企道に乗ったことを発表した。　[ ]→[ ]

☐☐ 7 重要な役職を歴任した元政治家が回故録を執筆する。　[ ]→[ ]

☐☐ 8 先般発見された画壇の巨肖の絵画が、欧州の美術館で展示されている。　[ ]→[ ]

☐☐ 9 経験豊富な人材を定年後も嘱卓社員として再雇用する企業が増えている。　[ ]→[ ]

☐☐ 10 老朽化が進んだ古民家を修全し、風情のある宿泊施設として再活用する。　[ ]→[ ]

（標準解答）　　（解　説）

誤　　正

1 [裕]→[猶]　猶予：決定や実行を先に延ばすこと。

2 [投]→[騰]　暴騰：物価や株価が急に大幅に上がること。

3 [操]→[捜]　捜査：証拠などをさぐり調べること。さがして調査すること。

4 [裏]→[履]　履歴：これまでに経てきた職業や学業。

5 [勧]→[喚]　喚起：呼びかけて意識させること。

6 [企]→[軌]　軌道：物体が動くみちすじ。

7 [故]→[顧]　回顧：過ぎ去ったことを思い返すこと。

8 [肖]→[匠]　巨匠：主に芸術の分野で特にすぐれている人物。

9 [卓]→[託]　嘱託：正式な構成員ではない人に仕事をたのんでまかせること。

10 [全]→[繕]　修繕：壊れた箇所を直すこと。

読み

部首

熟語の構成

四字熟語

対義語・類義語

同音・同訓異字

誤字訂正

送りがな

書き取り

誤字訂正④

次の各文にまちがって使われている**同じ読みの漢字**が**一字**ある。
誤字と、**正しい漢字**を答えよ。

誤　　　正

□
□ 1　予想もしない大丹な行動が結果的に
　　　多くの人命を救助することになった。　[　]→[　]

□
□ 2　自覚症状が出にくい肝炎はしばしば
　　　重特な状態に進行する。　[　]→[　]

□
□ 3　不正猶資を行った銀行に半年間の業
　　　務停止命令が下された。　[　]→[　]

□
□ 4　校閲者は文章の内容を点検したり誤
　　　りや不微な点を訂正したりする。　[　]→[　]

□
□ 5　個性的な展示を採用した水族館が来
　　　場者の評判を呼び盛境を呈している。　[　]→[　]

□
□ 6　伝統芸能の第一人者が先代の名を就
　　　名し、大勢の人々に祝福された。　[　]→[　]

□
□ 7　出国者から調収される国際観光旅客
　　　税は各地の施設建設に充当される。　[　]→[　]

□
□ 8　日本のお茶が外国で人気となり、茶詰
　　　みの体験を希望する観光客が増加した。　[　]→[　]

□
□ 9　会場から駅へと殺踏する人々を係員
　　　が速やかに誘導した。　[　]→[　]

□
□ 10　野生の個体は絶滅したが、海外の個
　　　体を輸入して人口繁殖に成功した。　[　]→[　]

読み

部首

熟語の構成

四字熟語

対義語・類義語

同音・同訓異字

誤字訂正

送りがな

書き取り

標準解答

解 説

誤　　正

1 丹 → 胆　　大胆：度胸があるさま。

2 特 → 篤　　重篤：病状が非常に悪いこと。

3 猶 → 融　　融資：必要な金銭を貸し出すこと。

4 微 → 備　　不備：そなえが十分でないさま。

5 境 → 況　　盛況：にぎわいがさかんなさま。

6 就 → 襲　　襲名：親や師匠のなまえを継ぐこと。

7 調 → 徴　　徴収：金を集めること。

8 詰 → 摘　　茶摘み：茶の葉をつみとること。

9 踏 → 到　　殺到：人や物が一度に勢いよく押し寄せること。

10 口 → 工　　人工：人がつくること。人の手を加えること。

誤字訂正⑤

次の各文にまちがって使われている**同じ読みの漢字**が**一字**ある。
誤字と、**正しい漢字**を答えよ。

誤　　正

☐☐ 1 患者から採取した血液を分析して、
病気の原因を付き止めた。 　　[　]→[　]

☐☐ 2 農家は田畑に侵入して作物を荒らす
イノシシの駆逐に苦虜している。 　[　]→[　]

☐☐ 3 対戦も終わりが近づいているが、形
勢は以然として不利だ。 　　[　]→[　]

☐☐ 4 急逝した国会議員に対して、追討演
説をすることが決定した。 　　[　]→[　]

☐☐ 5 予防摂種の対象者や時期を明記した
掲示物を作成する。 　　　　　[　]→[　]

☐☐ 6 体感できない微小な火山性地震の増
大は噴火の兆高の一つに数えられる。[　]→[　]

☐☐ 7 就農者を増やすため、農家の有志が
何度も試効して労働環境を整備した。[　]→[　]

☐☐ 8 原告の請求が棄却された今回の裁判
の判決は、確期的といえる。 　　[　]→[　]

☐☐ 9 剣道の師南役として、地元大学の剣
道部の監督と部員らが推薦された。 [　]→[　]

☐☐ 10 日本の中古車両は、財源に余猶のな
い海外の鉄道会社で再利用される。 [　]→[　]

標準解答		解　説
誤	正	

1 [付]→[突]　突き止める：調べて明らかにする。

2 [虜]→[慮]　苦慮：思い悩むこと。

3 [以]→[依]　依然：前と変わらないさま。

4 [討]→[悼]　追悼：故人の生前をしのび、死を悲しむこと。

5 [摂]→[接]　接種：ワクチンなどを体内に移植すること。

6 [高]→[候]　兆候：前触れ。

7 [効]→[行]　試行：ためしにおこなうこと。

8 [確]→[画]　画期的：新時代を切り開くさま。

9 [師]→[指]　指南：教えること。

10 [猶]→[裕]　余裕：あまりのあること。

読み / 部首 / 熟語の構成 / 四字熟語 / 対義語・類義語 / 同音・同訓異字 / 誤字訂正 / 送りがな / 書き取り

送りがな①

次の──線の**カタカナ**を**漢字一字**と**送りがな（ひらがな）**に直せ。
〈例〉問題に**コタエル**。〔 答える 〕

□□ 1 厳しい現実から目を**ソムケル**。　〔　　　　　〕

□□ 2 商品完成までに五年を**ツイヤシ**た。　〔　　　　　〕

□□ 3 ひもをゆるめに**ユワエル**。　〔　　　　　〕

□□ 4 一生をかけて罪を**ツグナウ**。　〔　　　　　〕

□□ 5 規則に**シバラ**れて柔軟性を欠く。　〔　　　　　〕

□□ 6 耳を**スマシ**て虫の音を聞く。　〔　　　　　〕

□□ 7 観葉植物に肥料を**ホドコス**。　〔　　　　　〕

□□ 8 火事で思わぬ害を**コウムッ**た。　〔　　　　　〕

□□ 9 みんなで**ナゴヤカニ**話す。　〔　　　　　〕

□□ 10 **ケムタイ**部屋に入ると目が痛い。　〔　　　　　〕

1回目	2回目
/10問	/10問

標準解答 | 解説

読み

部首

熟語の構成

四字熟語

対義語・類義語

同音・同訓異字

誤字訂正

送りがな

書き取り

1 [背ける]
背ける：別の方向に向ける。
他の例 背く　など

2 [費やし]
費やす：使ってなくす。
他の例 費える
よくあるX 費し

3 [結わえる]
結わえる：むすぶ。
他の例 結ぶ、結う
よくあるX 結える

4 [償う]
償う：自分のあやまちを埋め合わせる。

5 [縛ら]
縛る：自由に動けなくする。

6 [澄まし]
澄ます：感覚や精神を集中する。
他の例 澄む

7 [施す]
施す：何かをつけ加える。与える。

8 [被っ]
被る：身に受ける。
よくあるX 被むっ

9 [和やかに]
和やかだ：穏やかなさま。
他の例 和らぐ、和む　など

10 [煙たい]
煙たい：けむりのために目を開けていられない。
他の例 煙る　など

送りがな②

次の——線の**カタカナ**を**漢字一字**と**送りがな（ひらがな）**に直せ。
〈例〉問題に**コタエル**。〔 答える 〕

□□ 1 **ツツシン**でお喜び申し上げます。 〔　　　　　〕

□□ 2 おほめの言葉を**タマワッ**た。 〔　　　　　〕

□□ 3 スポーツの後は、のどが**カワク**。 〔　　　　　〕

□□ 4 パンにハムと野菜を**ハサム**。 〔　　　　　〕

□□ 5 肝の**スワッ**た態度だった。 〔　　　　　〕

□□ 6 一方に**カタヨラ**ないようにする。 〔　　　　　〕

□□ 7 熱心に自習する生徒を**ホメル**。 〔　　　　　〕

□□ 8 堕落した生活態度を**サトス**。 〔　　　　　〕

□□ 9 **オロカナ**行いを反省する。 〔　　　　　〕

□□10 **クルオシイ**思いに駆られる。 〔　　　　　〕

標準解答

解説

1 [謹ん]
謹む：かしこまった態度をとる。
ある✕ 謹しん

2 [賜っ]
賜る：頂く。
ある✕ 賜わっ

3 [渇く]
渇く：のどがからからになり水分を欲する。

4 [挟む]
挟む：間に入れる。
他の例 挟まる

5 [据わっ]
据わる：どっしりと落ち着く。
✎「肝が据わる」は「度胸があり、物事に動じない様子。」を表す。

6 [偏ら]
偏る：中心から外れて、一方に寄る。

7 [褒める]
褒める：たたえる。

8 [諭す]
諭す：道理がわかるように教え導く。

9 [愚かな]
愚かだ：ばかげていること。

10 [狂おしい]
狂おしい：心が乱れるさま。
他の例 狂う

読み
部首
熟語の構成
四字熟語
対義語・類義語
同音・同訓異字
誤字訂正
送りがな
書き取り

書き取り①

次の——線の**カタカナ**を**漢字**に直せ。

□□ 1 **カビン**にバラを生けて玄関に飾る。　[　　　]

□□ 2 **ドベイ**が残る城下町を歩く。　[　　　]

□□ 3 **グチ**をこぼさず、学業に励んだ。　[　　　]

□□ 4 **コハン**に別荘を建てる。　[　　　]

□□ 5 **センリュウ**の同人誌に投句する。　[　　　]

□□ 6 雑談で一時間余りを**ロウヒ**した。　[　　　]

□□ 7 高校時代は**リョウ**生活を送った。　[　　　]

□□ 8 水を飲んで、のどの**カワ**きを潤した。[　　　]

□□ 9 金属を溶かして鐘を**イ**る。　[　　　]

□□10 **マユ**は絹糸の原料である。　[　　　]

標準解答 | 解 説

1 〔 花瓶 〕
花瓶：植物をかざるための器。
まちがえやすい× 瓶に注意。右部分が「互」のような形になるのは間違い。形をよく確認しよう。

2 〔 土塀 〕
土塀：つちを固めて作った囲いの壁。

3 〔 愚痴 〕
愚痴：言っても仕方のないことを嘆くこと。
✎ 痴の部首は疒（やまいだれ）。

4 〔 湖畔 〕
湖畔：みずうみのほとり。
✎ 畔は「ほとり。水ぎわ。」という意味を持つ。部首は田（たへん）。

5 〔 川柳 〕
川柳：こっけいや風刺を詠み込む五七五の定型詩。

6 〔 浪費 〕
浪費：むだづかい。
✎ 「浪費」の浪は、「みだりに。ほしいままに。」という意味を表す。

7 〔 寮 〕
寮：学生や従業員の共同宿舎。
まちがえやすい× 僚や療と混同した誤答が多い。寮は部首が宀（うかんむり）。

8 〔 渇 〕
渇き：のどが乾燥し水を欲している状態。

9 〔 鋳 〕
鋳る：溶かした金属を型に流して固めて器物をつくること。

10 〔 繭 〕
繭：蚕が糸を吐いて作る殻。
まちがえやすい× 「糸」と「虫」の部分が「幺」になっている誤答が目立つ。正しい形を確認しよう。

読み
部首
熟語の構成
四字熟語
対義語・類義語
同音・同訓異字
誤字訂正
送りがな
書き取り

303

書き取り②

次の──線の**カタカナ**を**漢字**に直せ。

☐☐ 1 **トウルイ**して得点の機会を作る。　　〔　　　〕

☐☐ 2 計画が軌道に乗り**エツ**に入る。　　〔　　　〕

☐☐ 3 省庁が**ガイサン**要求を提出する。　　〔　　　〕

☐☐ 4 不鮮明で**リンカク**がぼやける。　　〔　　　〕

☐☐ 5 **カイキョウ**をフェリーで渡る。　　〔　　　〕

☐☐ 6 **カダン**でヒマワリを育てる。　　〔　　　〕

☐☐ 7 本を読んで自己**ケイハツ**に励む。　　〔　　　〕

☐☐ 8 **イノチヅナ**をつけて高所作業をする。〔　　　〕

☐☐ 9 牧場で**チチシボ**りの体験をする。　　〔　　　〕

☐☐ 10 契約書の**タダ**し書きをよく読む。　　〔　　　〕

標準解答 解 説

1 盗塁

盗塁：野球で、守備のすきをついて走者が次のるいへ進むこと。

2 悦

悦に入る：物事がうまくいき、喜ぶこと。

3 概算

概算：大まかに計算すること。
✎「概算」の概は「おおむね。おおよそ。だいたい。あらまし。」という意味を表す。

4 輪郭

輪郭：ものの外側の形を表す線。
✎郭は「かこい」という意味を持つ。

5 海峡

海峡：陸地と陸地に挟まれた狭い海。
✎「海峡」の峡は、「細長く狭まった所」という意味を表す。

6 花壇

花壇：庭などの一部を区切り植物を植えた場所。
✎壇は「ほかより一段高くした台」という意味を持つ。

7 啓発

啓発：知識を与え、よい方向に導くこと。
✎「啓発」の啓は、「ひらく。教え導く。」という意味を表す。

8 命綱

命綱：危険な場所での作業時に、用心のために体につけるロープ。

9 乳搾

乳搾り：牛などのちちをしぼり出すこと。

10 但

但し書き：説明や条件をつけ加えた文。
✎但には「ただし。しかし。」というような意味がある。

読み
部首
熟語の構成
四字熟語
対義語・類義語
同音・同訓異字
誤字訂正
送りがな
書き取り

305

書き取り③

次の——線の**カタカナ**を**漢字**に直せ。

☐☐ 1 **ケンヤク**して開業資金をためる。 [   ]

☐☐ 2 **ヨクソウ**からお湯があふれる。 [   ]

☐☐ 3 あくまでも**ザンテイ**的な措置だ。 [   ]

☐☐ 4 神の**ジヒ**にすがる。 [   ]

☐☐ 5 社長の**レイジョウ**を出迎える。 [   ]

☐☐ 6 サイバー攻撃の**キョウイ**にさらされる。 [   ]

☐☐ 7 ヘリコプターが山中に**ツイラク**した。 [   ]

☐☐ 8 貴重なご意見を**タマワ**る。 [   ]

☐☐ 9 きれいな一輪**ザ**しを購入する。 [   ]

☐☐ 10 **ハナムコ**の友人として招待される。 [   ]

標準解答	解　説

1 〔 倹約 〕

倹約：お金などをむだに使わないこと。
間違× 検約…検は「しらべる。とりしまる。」などの意味の別の漢字。

2 〔 浴槽 〕

浴槽：湯ぶね。
✎「浴槽」の槽は、「おけ。ふね。水や酒などを入れる器。」という意味を表す。

3 〔 暫定 〕

暫定：決まるまでの間、一時的にそうしておくこと。
✎「暫定」の暫は「仮に」という意味を表す。

4 〔 慈悲 〕

慈悲：あわれみ、いつくしむこと。
間違× 滋悲…滋は「そだつ。うるおう。」などの意味の別の漢字。

5 〔 令嬢 〕

令嬢：他人の娘を敬って言う言葉。
✎嬢は「むすめ。おとめ。」という意味を持つ。

6 〔 脅威 〕

脅威：勢いや力でおびやかされること。
間違× 驚異…「驚異」は、「ふつうでは考えられないほどの驚き」という意味の別語。

7 〔 墜落 〕

墜落：高所からおちること。
間違× 墜に注意。堕と混同しないよう、右上部分の形を確認しよう。
墜

8 〔 賜 〕

賜る：頂く。

9 〔 挿 〕

一輪挿し：少しの花を飾るための小さな花瓶。

10 〔 花婿 〕

花婿：新郎。
間違× 婿に注意。婚や嫁と混同しないよう、つくりの形を確認しよう。
婿

307

書き取り④

次の――線の**カタカナ**を**漢字**に直せ。

□□ 1 何の**ヘンテツ**もない場所だった。 [　　　]

□□ 2 一人の**ロウバ**が姿を現した。 [　　　]

□□ 3 **サツバツ**とした世情を嘆く。 [　　　]

□□ 4 改革には多くの**ヘイガイ**が伴う。 [　　　]

□□ 5 重要書類を**フンシツ**する。 [　　　]

□□ 6 **カンリョウ**から政治家に転身する。 [　　　]

□□ 7 新館を渡り**ロウカ**でつなぐ。 [　　　]

□□ 8 コーヒー豆を**アラ**くひく。 [　　　]

□□ 9 電車のドアに荷物が**ハサ**まった。 [　　　]

□□ 10 **ツナミ**に備えて避難タワーが建設された。 [　　　]

（標準解答）　　　（解　説）

読み

1 ［ 変哲 ］ 変哲：普通と違っていること。

---

2 ［ 老婆 ］ 老婆：年をとった女性。
  誤答✕ 婆に注意。姿と混同した誤答が目立つ。1～3画目は「冫」ではない。
  ×姿 ○婆

部首

---

3 ［ 殺伐 ］ 殺伐：すさんでいて荒々しいさま。
  ✏ 伐には「ころす。敵をうつ。」というような意味がある。部首は亻（にんべん）。

熟語の構成

---

4 ［ 弊害 ］ 弊害：悪い影響を及ぼす物事。
  ✏ 「弊害」の弊は、「よくない。悪い影響を与える。」という意味を表す。

四字熟語

---

5 ［ 紛失 ］ 紛失：物をなくすこと。
  誤答✕ 粉失…粉は「こなごなにする」などの意味の別の漢字で、部首は米（こめへん）。

対義語・類義語

---

6 ［ 官僚 ］ 官僚：役人。
  ✏ 「官僚」の僚は、「つかさ。役人。」という意味を表す。

同音・同訓異字

---

7 ［ 廊下 ］ 廊下：建物の部屋と部屋を結ぶ通路。
  誤答✕ 廊に注意。4画目が抜けている誤答が多い。
  ×廊 ○廊

誤字訂正

---

8 ［ 粗 ］ 粗い：細かでない。
  誤答✕ 荒い…「荒い」は「乱暴なさま。はげしいさま。」などの意味の別語。

送りがな

---

9 ［ 挟 ］ 挟まる：物と物の間に入る。
  誤答✕ 狭と混同しないこと。部首が扌（てへん）であることを確認しよう。

書き取り

---

10 ［ 津波 ］ 津波：地震などによって起きる高いなみ。

書き取り⑤

次の――線の**カタカナ**を**漢字**に直せ。

□□ 1 **トウクツ**により墓は荒らされていた。 [   ]

□□ 2 事故の**サンジョウ**を映像におさめる。 [   ]

□□ 3 **ミャクラク**のない話に混乱する。 [   ]

□□ 4 **ジミ**に富む料理を存分に食べた。 [   ]

□□ 5 王の遺体は**セッカン**に納められた。 [   ]

□□ 6 **ジュキョウ**では、主に仁と礼を重んじる。 [   ]

□□ 7 彼女は**テイシュク**な女性だ。 [   ]

□□ 8 **アマモ**りする屋根を修理する。 [   ]

□□ 9 危険を**オカ**して救助に向かう。 [   ]

□□ 10 下絵に沿って慎重に版木を**ホ**る。 [   ]

1回目	2回目
/10問	/10問

標準解答	解　説

読み

部首

熟語の構成

四字熟語

対義語・類義語

同音・同訓異字

誤字訂正

送りがな

書き取り

1　[盗掘]　盗掘：埋めてある物を許可なくほり出すこと。

2　[惨状]　惨状：むごたらしいさま。
　✎「惨状」の惨は、「むごい」という意味を表す。部首は忄（りっしんべん）。

3　[脈絡]　脈絡：つながり。
　✎「脈絡」の絡は、「すじ。すじみち。」という意味を表す。

4　[滋味]　滋味：栄養があっておいしい食べ物。
　ある✕ 地味…「地味」は、「華やかさがなく、目立たないさま。」という意味の別語。

5　[石棺]　石棺：石でできたひつぎ。

6　[儒教]　儒教：孔子を祖とするおしえ。

7　[貞淑]　貞淑：女性の操が固く、しとやかなこと。

8　[雨漏]　雨漏り：あま水が屋根を通り室内にもれ出ること。
　ある✕ 漏に注意。右部分のいちばん上に不要な横画を書かないこと。　漏✕　漏○

9　[冒]　冒す：押しきってする。
　ある✕ 犯す…「犯す」は「法律などに反する行為をする」という意味の別語。

10　[彫]　彫る：削って模様や文字、絵などを刻む。
　ある✕ 掘る…「掘る」は、「地面に穴をあける」などの意味の別語。

(五) 対義語・類義語 (20)

1	2	3	4	5	6	7	8	9	10
偉大	秩序	侵害	快諾	純白	手柄	談判	陳列	唐突	根拠

(六) 同音・同訓異字 (20)

1	2	3	4	5	6	7	8	9	10
拐	開	泌	筆	隷	齢	倣	訪	覚	刺

(七) 誤字訂正 (10)

	誤	正
1	従	充
2	系	継
3	被	抜
4	騰	騰
5	触	殖

(八) 漢字と送りがな (10)

1	2	3	4	5
偽る	携わっ	蓄える	遮る	甚だしい

(九) 書き取り (50)

1	2	3	4	5	6	7	8	9	10	11	12	13	14	15
一喝	顕微鏡	白亜	柔軟	肖像	災厄	仲介	海峡	定款	謁見	割愛	発端	缶	襟	日傘

16	17	18	19	20	21	22	23	24	25
損	命綱	神主	祈	人垣	尼寺	粗	操	朽	猿

まとめテスト 標準解答

(一) 読み (30)

14	13	12	11	10	9	8	7	6	5	4	3	2	1
けんきょ	ひょうしょう	しゅうせん	はばつ	かんてい	きょうがい	もうじゅう	かせん	がいかつ	こうしゃく	べってい	さしょう	かくりょう	ちかく

29	28	27	26	25	24	23	22	21	20	19	18	17	16	15
わらべ	よこなぐ	おかしら	なかす	たぐ	しも	ひとすじなわ	あたい	ただ	せったく	かいゆ	きんげん	くんこう	ちゅうすう	しゅんさい

(二) 部首 (10)

10	9	8	7	6	5	4	3	2	1	30
亻	口	矛	十	豆	穴	行	貝	辶	凵	も

(三) 熟語の構成 (20)

10	9	8	7	6	5	4	3	2	1
オ	イ	オ	エ	ア	エ	ウ	ア	ウ	イ

(四) 四字熟語 (30)

問1 書き取り

1
態

問2 意味

15	14	13	12	11	10	9	8	7	6	5	4	3	2
コ	ケ	オ	キ	ア	若	麻	奇	平	双	砕	吐	獣	諸

9 会社設立にあたり、**テイカン**を作成する。〔　　〕

10 国王に**エッケン**する。〔　　〕

11 紙面の都合で**カツアイ**する。〔　　〕

12 事件の**ホッタン**を話す。〔　　〕

13 駅で**カンジュース**を買った。〔　　〕

14 **エリ**を正して社長の話を聞く。〔　　〕

15 **ヒガサ**を差した婦人が通りを歩く。〔　　〕

16 軽はずみな言動で信頼を**ソコ**なう。〔　　〕

17 **イノチヅナ**をつけて潜水する。〔　　〕

18 **カンヌシ**が拝殿にお酒を供える。〔　　〕

19 祖父の手術の成功を**イノ**る。〔　　〕

20 **ヒトガキ**をかき分けて進んだ。〔　　〕

21 山奥に古い**アマデラ**がある。〔　　〕

22 コーヒー豆を**アラ**くひく。〔　　〕

23 手品師が巧みにカードを**アヤツ**る。〔　　〕

24 木の橋が**ク**ちている。〔　　〕

25 野生の**サル**が畑を荒らす。〔　　〕

―― おわり ――

（八） 次の ——線の**カタカナ**を漢字一字と送りがな（**ひらがな**）に直せ。 (10) 2×5

〈例〉 問題に**コタエル**。〔答える〕

1 友人に**イツワル**ことなく打ち明けた。

2 長年行政に**タズサワッ**ている。

3 幅広い知識を**タクワエル**。

4 倒木が行く手を**サエギル**。

5 見当違いも**ハナハダシイ**。

（九） 次の ——線の**カタカナ**を漢字に直せ。 (50) 2×25

1 会長に大声で**イッカツ**された。

2 **ケンビキョウ**で細胞を観察する。

3 **ハクア**の洋館に宿泊する。

4 何事も**ジュウナン**に考えよう。

5 歴代会長の**ショウゾウ**画が飾られている。

6 予期せぬ**サイヤク**に見舞われた。

7 不動産売却の**チュウカイ**を頼む。

8 **カイキョウ**を船で渡る。

9 大きな音で目が**サ**めた。

〔 〕〔 〕

10 冷たい風が肌を**サ**す。

〔 〕〔 〕

(七) 次の各文にまちがって使われている同じ読みの漢字が一字ある。上に誤字を、下に正しい漢字を記せ。

(10)
2×5

1 社会福祉制度の従実が政府の長年の課題となっている。

誤〔 〕 正〔 〕

2 日本の伝統的な建築技術を系承している。

誤〔 〕 正〔 〕

3 学生時代の友人から結婚被露宴の招待状が届いた。

誤〔 〕 正〔 〕

4 沸騰すると蒸気を検知して電源が自動で切れる仕組みだ。

誤〔 〕 正〔 〕

5 養触用の稚魚の記録的不漁が懸念されている。

誤〔 〕 正〔 〕

（五）次の1～5の**対義語**、6～10の**類義語**を後の□の中から選び、**漢字で記せ**。□の中の語は一度だけ使うこと。

対義語

1 凡庸（　　）
2 混乱（　　）
3 擁護（　　）
4 固辞（　　）
5 漆黒（　　）

類義語

6 殊勲（　　）
7 交渉（　　）
8 展示（　　）
9 不意（　　）
10 理由（　　）

(20) 2×10

いだい・かいだく・こんきょ・じゅんぱく・しんがい
だんぱん・ちつじょ・ちんれつ・てがら・とうとつ

（六）次の――線の**カタカナ**を**漢字**に直せ。

1 誘**カイ**事件は無事解決した。（　　）
2 戦時中の集団疎**カイ**の話を聞く。（　　）
3 胃酸の分**ピツ**を薬で抑える。（　　）
4 達**ピツ**で書かれた手紙を受け取る。（　　）
5 まるで金銭の奴**レイ**だ。（　　）
6 樹**レイ**五百年の杉が自生している。（　　）
7 アイドルの髪型を模**ホウ**する。（　　）
8 首相が東南アジアを歴**ホウ**する。（　　）

(20) 2×10

（四）次の四字熟語について、問1と問2に答えよ。

問1　後の □ 内のひらがなを漢字にして 1〜10 に入れ、**四字熟語を完成**せよ。

□ 内のひらがなは一度だけ使い、**漢字一字**で答えよ。

(30)

(20)
2×10

ア　旧1依然〔　〕
イ　2行無常〔　〕
ウ　人面3心〔　〕
エ　青息4息〔　〕
オ　粉骨5身〔　〕

カ　古今無6〔　〕
キ　天下泰7〔　〕
ク　複雑怪8〔　〕
ケ　快刀乱9〔　〕
コ　傍10無人〔　〕

き・さい・じゃく・じゅう
しょ・そう・たい・と
へい・ま

問2　次の 11〜15 の**意味にあてはまるもの**を問1のア〜コの四字熟語から**一つ選び、記号**で答えよ。

(10)
2×5

11　昔のままで変化がないこと。〔　〕
12　世の中がよく治まっておだやかなこと。〔　〕
13　全力を尽くしてことにあたること。〔　〕
14　こじれた物事を鮮やかに解決すること。〔　〕
15　辺りをはばからない振る舞い。〔　〕

(三) 熟語の構成のしかたには次のようなものがある。

(20)
2×10

ア 同じような意味の漢字を重ねたもの
（岩石）

イ 反対または対応の意味を表す字を重ねたもの
（高低）

ウ 上の字が下の字を修飾しているもの
（洋画）

エ 下の字が上の字の目的語・補語になっているもの
（着席）

オ 上の字が下の字の意味を打ち消しているもの
（非常）

次の熟語は上の**ア〜オ**のどれにあたるか、一つ選び、記号で答えよ。

1 禍福 〔　〕
2 直轄 〔　〕
3 疾患 〔　〕
4 彼岸 〔　〕
5 克己 〔　〕

6 虜囚 〔　〕
7 随意 〔　〕
8 無尽 〔　〕
9 乾湿 〔　〕
10 不遇 〔　〕

20 ぜひ拙宅にもお寄りください。〔　　〕

21 但し、会員登録が必要です。〔　　〕

22 勇気ある決断は称賛に値する。〔　　〕

23 とても一筋縄ではいかない相手だ。〔　　〕

24 早朝の畑に霜が降りた。〔　　〕

25 記憶を手繰り寄せる。〔　　〕

26 川の中州に取り残される。〔　　〕

27 結婚式で尾頭付きのタイが出た。〔　　〕

28 横殴りの雨でびしょぬれになる。〔　　〕

29 どこからか童うたが聞こえる。〔　　〕

30 湖底に青黒い藻が生えていた。〔　　〕

(二) 次の漢字の**部首**を記せ。

〈例〉 菜 [艹] 間 [門]

1 凹 〔　　〕

2 逸 〔　　〕

3 貢 〔　　〕

4 術 〔　　〕

5 窓 〔　　〕

6 豆 〔　　〕

7 卑 〔　　〕

8 矛 〔　　〕

9 吏 〔　　〕

10 傑 〔　　〕

(10)
1×10

まとめテスト

(一) 次の──線の**漢字の読み**をひらがなで記せ。

(30)
1×30

/200

1 地殻変動の観測記録をつける。

2 閣僚の辞任が続いた。

3 経歴の詐称をしていたらしい。

4 別邸で客人をもてなす。

5 旧侯爵家の屋敷が競売に付された。

6 企画の内容を概括する。

7 市場の寡占化が進む。

8 権威に盲従する人は多い。

9 不運な境涯を告白された。

10 連合軍の艦艇が姿を現す。

11 社内の派閥争いが激化した。

12 新しい仕事を周旋してもらった。

13 功績により表彰される。

14 忠告を謙虚に受け入れる。

15 門下から多くの俊才を輩出する。

16 戦争で勲功を立てる。

17 組織の中枢として働く。

18 恩師は謹厳な教育者だった。

19 父のけがの快癒を祝った。

購入者スペシャル特典！
付属デジタルコンテンツのご案内

スペシャルウェブサイトでは、学習をサポートするコンテンツをご利用いただけます。

〈特典例〉

・おすすめの便利な本書の使い方を動画で紹介

・本書未収録の「まとめテスト」1回分のダウンロード

・直前チェック！間違いやすい語句・漢字コラム

など

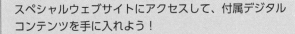

スペシャルウェブサイトにアクセスして、付属デジタルコンテンツを手に入れよう！

▼スペシャルウェブサイトはこちら
https://www.kanken.or.jp/kanken/
bonus_contents/quickstudy.html

※コンテンツの内容、名称などは変わることがあります。

り つづき

漢字	柳	竜	硫	虜	涼	僚	寮	倫	累
読み	音 リュウ／訓 やなぎ	音 リュウ／訓 たつ	音 リュウ／訓 —	音 リョ／訓 —	音 リョウ／訓 すず(しい)・すず(む)	音 リョウ／訓 —	音 リョウ／訓 —	音 リン／訓 —	音 ルイ／訓 —
画数	9	10	12	13	11	14	15	10	11
部首	木	竜	石	虍	氵	亻	宀	亻	糸
部首名	きへん	りゅう	いしへん	とらがしら とらかんむり	さんずい	にんべん	うかんむり	にんべん	いと

ル（累） **れ**（戻 塁） **ろ**（鈴） **わ**（賄 枠）

漢字	枠	賄	鈴	戻	塁
読み	音 —／訓 わく	音 ワイ／訓 まかな(う)	音 レイ・リン／訓 すず	音 レイ高／訓 もど(す)・もど(る)	音 ルイ／訓 —
画数	8	13	13	7	12
部首	木	貝	釒	戸	土
部首名	きへん	かいへん	かねへん	とだれ とかんむり	つち

漢字	銘 (メ)	岬 (ミ)	抹	磨	摩 (マ)	麻	奔	堀	撲 (ホ つづき)
読み	音 メイ／訓 —	訓 みさき／音 —	音 マツ／訓 —	訓 みが(く)／音 マ	音 マ／訓 —	訓 あさ／音 マ	音 ホン／訓 —	訓 ほり／音 —	音 ボク／訓 —
画数	14	8	8	16	15	11	8	11	15
部首	金	山	扌	石	手	麻	大	土	扌
部首名	かねへん	やまへん	てへん	いし	て	あさ	だい	つちへん	てへん

漢字	悠	唯	癒	諭	愉	厄	耗 (モ)	盲 (ヤ)	妄 (ユ)
読み	音 ユウ／訓 —	音 ユイ・イ高／訓 —	音 ユ／訓 い(える)・い(やす)	音 ユ／訓 さと(す)	音 ユ／訓 —	音 ヤク／訓 —	音 モウ・コウ高／訓 —	音 モウ／訓 —	音 モウ・ボウ高／訓 —
画数	11	11	18	16	12	4	10	8	6
部首	心	口	疒	言	忄	厂	耒	目	女
部首名	こころ	くちへん	やまいだれ	ごんべん	りっしんべん	がんだれ	すきへん／らいすき	め	おんな

漢字	履 (リ)	痢	酪 (ラ)	羅	窯 (ヨ)	庸	融	裕	猶
読み	音 リ／訓 は(く)	音 リ／訓 —	音 ラク／訓 —	音 ラ／訓 —	音 ヨウ／訓 かま高	音 ヨウ／訓 —	音 ユウ／訓 —	音 ユウ／訓 —	音 ユウ／訓 —
画数	15	12	13	19	15	11	16	12	12
部首	尸	疒	酉	罒	穴	广	虫	礻	犭
部首名	かばね／しかばね	やまいだれ	とりへん	あみがしら／あみめ／よこめ	あなかんむり	まだれ	むし	ころもへん	けものへん

フ

漢字	譜	附	扶	瓶	頻	賓	猫	罷	扉
読み	音 フ	音 フ	音 フ	音 ビン	音 ヒン	音 ヒン	音 ビョウ高 訓 ねこ	音 ヒ	音 ヒ高 訓 とびら
画数	19	8	7	11	17	15	11	15	12
部首	言	阝	扌	瓦	頁	貝	犭	罒	戸
部首名	ごんべん	こざとへん	てへん	かわら	おおがい	かいへん	けものへん	あみがしら あみめ よこめ	とだれ とかんむり

ヘ

漢字	弊	幣	塀	併	丙	憤	雰	沸	侮
読み	音 ヘイ	音 ヘイ	音 ヘイ	音 ヘイ 訓 あわ(せる)	音 ヘイ	音 フン 訓 いきどお(る)高	音 フン	音 フツ 訓 わ(く)・わ(かす)	音 ブ 訓 あなど(る)高
画数	15	15	12	8	5	15	12	8	8
部首	廾	巾	土	亻	一	忄	雨	氵	亻
部首名	こまぬき にじゅうあし	はば	つちへん	にんべん	いち	りっしんべん	あめかんむり	さんずい	にんべん

ホ

漢字	僕	朴	紡	剖	褒	俸	泡	遍	偏
読み	音 ボク	音 ボク	音 ボウ 訓 つむ(ぐ)高	音 ボウ	音 ホウ 訓 ほ(める)高	音 ホウ	音 ホウ 訓 あわ	音 ヘン	音 ヘン 訓 かたよ(る)
画数	14	6	10	10	15	10	8	12	11
部首	亻	木	糸	刂	衣	亻	氵	辶	亻
部首名	にんべん	きへん	いとへん	りっとう	ころも	にんべん	さんずい	しんにょう しんにゅう	にんべん

トつづき

妊	尼	軟	屯	凸	督	洞	騰	謄	漢字
訓 — / 音 ニン	訓 あま / 音 ニ 高	訓 やわ(らか)・やわ(らかい) / 音 ナン	訓 — / 音 トン	訓 — / 音 トツ	訓 — / 音 トク	訓 ほら / 音 ドウ	訓 — / 音 トウ	訓 — / 音 トウ	読み
7	5	11	4	5	13	9	20	17	画数
女	尸	車	屮	凵	目	氵	馬	言	部首
おんなへん	しかばね／かばね	くるまへん	てつ	うけばこ	め	さんずい	うま	げん	部首名

ハ / **ネ**

伯	賠	媒	培	廃	覇	把	寧	忍	漢字
訓 — / 音 ハク	訓 — / 音 バイ	訓 — / 音 バイ	訓 つちか(う) 高 / 音 バイ	訓 すた(れる)・すた(る) / 音 ハイ	訓 — / 音 ハ	訓 — / 音 ハ	訓 — / 音 ネイ	訓 しの(ぶ)・しの(ばせる) / 音 ニン	読み
7	15	12	11	12	19	7	14	7	画数
イ	貝	女	土	广	西	扌	宀	心	部首
にんべん	かいへん	おんなへん	つちへん	まだれ	おおいかんむり	てへん	うかんむり	こころ	部首名

ヒ

披	妃	頒	煩	閥	鉢	肌	漠	舶	漢字
訓 — / 音 ヒ	訓 — / 音 ヒ	訓 — / 音 ハン	訓 わずら(う)・わずら(わす) / 音 ハン・ボン 高	訓 — / 音 バツ	訓 — / 音 ハチ・ハツ 高	訓 はだ / 音 —	訓 — / 音 バク	訓 — / 音 ハク	読み
8	6	13	13	14	13	6	13	11	画数
扌	女	頁	火	門	釒	月	氵	舟	部首
てへん	おんなへん	おおがい	ひへん	もんがまえ	かねへん	にくづき	さんずい	ふねへん	部首名

漢字	塚	朕	勅	懲	釣	眺	挑	弔	衷
読み	音 — 訓 つか	音 チン 訓 —	音 チョク 訓 —	音 チョウ 訓 こ(りる)・こ(らす)・こ(らしめる)	音 チョウ 訓 つ(る)	音 チョウ 訓 なが(める)	音 チョウ 訓 いど(む)	音 チョウ 訓 とむら(う)	音 チュウ 訓 —
画数	12	10	9	18	11	11	9	4	9
部首	土	月	力	心	釒	目	扌	弓	衣
部首名	つちへん	つきへん	ちから	こころ	かねへん	めへん	てへん	ゆみ	ころも

漢字	偵	逓	貞	亭	邸	廷	呈	坪	漬
読み	音 テイ 訓 —	音 テイ 訓 —	音 テイ 訓 —	音 テイ 訓 —	音 テイ 訓 —	音 テイ 訓 —	音 テイ 訓 —	音 — 訓 つぼ	音 — 訓 つ(ける)・つ(かる)
画数	11	10	9	9	8	7	7	8	14
部首	亻	辶	貝	亠	阝	廴	口	土	氵
部首名	にんべん	しんにょう しんにゅう	かい こがい	なべぶた けいさんかんむり	おおざと	えんにょう	くち	つちへん	さんずい

漢字	筒	棟	搭	悼	撤	徹	迭	泥	艇
読み	音 トウ 訓 つつ	音 トウ 訓 むね・むな 高	音 トウ 訓 —	音 トウ 訓 いた(む) 高	音 テツ 訓 —	音 テツ 訓 —	音 テツ 訓 —	音 デイ 高 訓 どろ	音 テイ 訓 —
画数	12	12	12	11	15	15	8	8	13
部首	⺮	木	扌	忄	扌	彳	辶	氵	舟
部首名	たけかんむり	きへん	てへん	りっしんべん	てへん	ぎょうにんべん	しんにょう しんにゅう	さんずい	ふねへん

ソ

捜	荘	壮	塑	疎	租	漸	禅	繊	漢字
訓 さが(す) 音 ソウ	訓 — 音 ソウ	訓 — 音 ソウ	訓 — 音 ソ	訓 うと(い)高 うと(む)高 音 ソ	訓 — 音 ソ	訓 — 音 ゼン	訓 — 音 ゼン	訓 — 音 セン	読み
10	9	6	13	12	10	14	13	17	画数
扌	艹	士	土	疋	禾	氵	ネ	糸	部首
てへん	くさかんむり	さむらい	つち	ひきへん	のぎへん	さんずい	しめすへん	いとへん	部首名

タ

惰	堕	妥	藻	霜	槽	喪	曹	挿	漢字
訓 — 音 ダ	訓 — 音 ダ	訓 — 音 ダ	訓 も 音 ソウ	訓 しも 音 ソウ高	訓 — 音 ソウ	訓 も 音 ソウ	訓 — 音 ソウ	訓 さ(す) 音 ソウ	読み
12	12	7	19	17	15	12	11	10	画数
忄	土	女	艹	雨	木	口	曰	扌	部首
りっしんべん	つち	おんな	くさかんむり	あめかんむり	きへん	くち	ひらび いわく	てへん	部首名

チ

嫡	秩	逐	痴	棚	但	濯	泰	駄	漢字
訓 — 音 チャク	訓 — 音 チツ	訓 — 音 チク	訓 — 音 チ	訓 たな 音 —	訓 ただ(し) 音 —	訓 — 音 タク	訓 — 音 タイ	訓 — 音 ダ	読み
14	10	10	13	12	7	17	10	14	画数
女	禾	辶	疒	木	亻	氵	水	馬	部首
おんなへん	のぎへん	しんにょう しんにゅう	やまいだれ	きへん	にんべん	さんずい	したみず	うまへん	部首名

シつづき

漢字	甚	迅	刃	診	紳	娠	唇	津	醸
読み	音ジン[高] 訓はなは(だ)・はなは(だしい)	音ジン 訓—	音ジン[高] 訓は	音シン 訓み(る)	音シン 訓—	音シン 訓—	音シン[高] 訓くちびる	音シン[高] 訓つ	音ジョウ 訓かも(す)[高]
画数	9	6	3	12	11	10	10	9	20
部首	甘	辶	刀	言	糸	女	口	氵	酉
部首名	かん／あまい	しんにゅう	かたな	ごんべん	いとへん	おんなへん	くち	さんずい	とりへん

セ / ス

漢字	誓	逝	斉	杉	据	崇	枢	睡	帥
読み	音セイ 訓ちか(う)	音セイ 訓ゆ(く)・い(く)[高][高]	音セイ 訓—	音— 訓すぎ	音— 訓す(える)・す(わる)	音スウ 訓—	音スウ 訓—	音スイ 訓—	音スイ 訓—
画数	14	10	8	7	11	11	8	13	9
部首	言	辶	斉	木	扌	山	木	目	巾
部首名	げん	しんにょう／しんにゅう	せい	きへん	てへん	やま	きへん	めへん	はば

セ

漢字	薦	遷	践	旋	栓	仙	窃	拙	析
読み	音セン 訓すす(める)	音セン 訓—	音セン 訓—	音セン 訓—	音セン 訓—	音セン 訓—	音セツ 訓—	音セツ 訓つたな(い)	音セキ 訓—
画数	16	15	13	11	10	5	9	8	8
部首	艹	辶	足	方	木	亻	穴	扌	木
部首名	くさかんむり	しんにゅう	あしへん	ほうへん／かたへん	きへん	にんべん	あなかんむり	てへん	きへん

漢字	読み	画数	部首	部首名
升	訓 ます／音 ショウ	4	十	じゅう
叙	訓 —／音 ジョ	9	又	また
緒	訓 お／音 ショ・チョ	14	糸	いとへん
庶	訓 —／音 ショ	11	广	まだれ
循	訓 —／音 ジュン	12	彳	ぎょうにんべん
殉	訓 —／音 ジュン	10	歹	かばねへん／いちたへん／がつへん
准	訓 —／音 ジュン	10	冫	にすい
俊	訓 —／音 シュン	9	亻	にんべん
塾	訓 —／音 ジュク	14	土	つち

漢字	読み	画数	部首	部首名
硝	訓 —／音 ショウ	12	石	いしへん
訟	訓 —／音 ショウ	11	言	ごんべん
渉	訓 —／音 ショウ	11	氵	さんずい
祥	訓 —／音 ショウ	10	衤	しめすへん
症	訓 —／音 ショウ	10	疒	やまいだれ
宵	訓 よい／音 ショウ 高	10	宀	うかんむり
尚	訓 —／音 ショウ	8	丷	しょう
肖	訓 —／音 ショウ	7	肉	にく
抄	訓 —／音 ショウ	7	扌	てへん

漢字	読み	画数	部首	部首名
壌	訓 —／音 ジョウ	16	土	つちへん
剰	訓 —／音 ジョウ	11	刂	りっとう
浄	訓 —／音 ジョウ	9	氵	さんずい
礁	訓 —／音 ショウ	17	石	いしへん
償	訓 つぐな(う)／音 ショウ	17	亻	にんべん
彰	訓 —／音 ショウ	14	彡	さんづくり
奨	訓 —／音 ショウ	13	大	だい
詔	訓 みことのり 高／音 ショウ	12	言	ごんべん
粧	訓 —／音 ショウ	12	米	こめへん

シ　サつづき

漢字	読み（音／訓）	画数	部首	部首名
索	音 サク／訓 —	10	糸	いと
酢	音 サク／訓 す	12	酉	とりへん
桟	音 サン／訓 —	10	木	きへん
傘	音 サン高／訓 かさ	12	人	ひとやね
肢	音 シ／訓 —	8	月	にくづき
嗣	音 シ／訓 —	13	口	くち
賜	音 シ高／訓 たまわ(る)	15	貝	かいへん
璽	音 ジ／訓 —	19	玉	たま
漆	音 シツ／訓 うるし	14	氵	さんずい

漢字	読み（音／訓）	画数	部首	部首名
遮	音 シャ／訓 さえぎ(る)	14	辶	しんにょう／しんにゅう
蛇	音 ジャ・ダ／訓 へび	11	虫	むしへん
酌	音 シャク／訓 く(む)高	10	酉	とりへん
爵	音 シャク／訓 —	17	爫	つめかんむり／つめがしら
珠	音 シュ／訓 —	10	王	おうへん／たまへん
儒	音 ジュ／訓 —	16	亻	にんべん
囚	音 シュウ／訓 —	5	囗	くにがまえ
臭	音 シュウ／訓 くさ(い)・にお(う)	9	自	みずから
愁	音 シュウ／訓 うれ(える)高・うれ(い)高	13	心	こころ

漢字	読み（音／訓）	画数	部首	部首名
酬	音 シュウ／訓 —	13	酉	とりへん
醜	音 シュウ／訓 みにく(い)	17	酉	とりへん
汁	音 ジュウ／訓 しる	5	氵	さんずい
充	音 ジュウ／訓 あ(てる)高	6	儿	ひとあし／にんにょう
渋	音 ジュウ／訓 しぶ・しぶ(い)・しぶ(る)	11	氵	さんずい
銃	音 ジュウ／訓 —	14	金	かねへん
叔	音 シュク／訓 —	8	又	また
淑	音 シュク／訓 —	11	氵	さんずい
粛	音 シュク／訓 —	11	聿	ふでづくり

コ　**ケ**つづき

漢字	読み	画数	部首	部首名
江	音コウ／訓え	6	氵	さんずい
碁	音ゴ／訓—	13	石	いし
呉	音ゴ／訓—	7	口	くち
弦	音ゲン／訓つる	8	弓	ゆみへん
懸	音ケン・ケ高／訓か(ける)・か(かる)	20	心	こころ
顕	音ケン／訓—	18	頁	おおがい
繭	音ケン高／訓まゆ	18	糸	いと
謙	音ケン／訓—	17	言	ごんべん
献	音ケン・コン／訓—	13	犬	いぬ

漢字	読み	画数	部首	部首名
剛	音ゴウ／訓—	10	刂	りっとう
拷	音ゴウ／訓—	9	扌	てへん
購	音コウ／訓—	17	貝	かいへん
衡	音コウ／訓—	16	行	ぎょうがまえ／ゆきがまえ
溝	音コウ／訓みぞ	13	氵	さんずい
貢	音コウ・ク高／訓みつ(ぐ)高	10	貝	こがい／かい
洪	音コウ／訓—	9	氵	さんずい
侯	音コウ／訓—	9	亻	にんべん
肯	音コウ／訓—	8	肉	にく

サ

漢字	読み	画数	部首	部首名
斎	音サイ／訓—	11	斉	せい
栽	音サイ／訓—	10	木	き
宰	音サイ／訓—	10	宀	うかんむり
砕	音サイ／訓くだ(く)・くだ(ける)	9	石	いしへん
詐	音サ／訓—	12	言	ごんべん
唆	音サ／訓そそのか(す)高	10	口	くちへん
懇	音コン／訓ねんご(ろ)高	17	心	こころ
昆	音コン／訓—	8	日	ひ
酷	音コク／訓—	14	酉	とりへん

キ　カ（つづき）

享	拒	窮	糾	擬	偽	宜	飢	頑	漢字
音 キョウ 訓 —	音 キョ 訓 こば（む）	音 キュウ 訓 きわ（める）高 きわ（まる）高	音 キュウ 訓 —	音 ギ 訓 —	音 ギ 訓 いつわ（る）・にせ高	音 ギ 訓 —	音 キ 訓 う（える）	音 ガン 訓 —	読み
8	8	15	9	17	11	8	10	13	画数
亠	扌	穴	糸	扌	亻	宀	食	頁	部首
なべぶた・けいさんかんむり	てへん	あなかんむり	いとへん	てへん	にんべん	うかんむり	しょくへん	おおがい	部首名

吟	襟	謹	琴	菌	暁	矯	恭	挟	漢字
音 ギン 訓 —	音 キン 訓 えり	音 キン高 訓 つつし（む）	音 キン 訓 こと	音 キン 訓 —	音 ギョウ高 訓 あかつき	音 キョウ 訓 た（める）高	音 キョウ 訓 うやうや（しい）高	音 キョウ高 訓 はさ（む）・はさ（まる）	読み
7	18	17	12	11	12	17	10	9	画数
口	ネ	言	王	艹	日	矢	小	扌	部首
くちへん	ころもへん	ごんべん	おう	くさかんむり	ひへん	やへん	したごころ	てへん	部首名

ケ　ク

嫌	傑	慶	蛍	渓	茎	薫	勲	隅	漢字
音 ケン・ゲン 訓 きら（う）・いや	音 ケツ 訓 —	音 ケイ 訓 —	音 ケイ 訓 ほたる	音 ケイ 訓 —	音 ケイ高 訓 くき	音 クン 訓 かお（る）	音 クン 訓 —	音 グウ 訓 すみ	読み
13	13	15	11	11	8	16	15	12	画数
女	亻	心	虫	氵	艹	艹	力	阝	部首
おんなへん	にんべん	こころ	むし	さんずい	くさかんむり	くさかんむり	ちから	こざとへん	部首名

カ つづき

表1

項目	殻	核	垣	涯	劾	懐	拐	蚊	漢字
読み	音 カク / 訓 から	音 カク / 訓		音	/ 訓 かき	音 ガイ / 訓		音 ガイ / 訓		音 カイ / 訓 ふところ、なつ(かしい)高、なつ(かしむ)高、なつ(く)高、なつ(ける)高	音 カイ / 訓		音	/ 訓 か	読み
画数	11	10	9	11	8	16	8	10	画数
部首	殳	木	土	氵	力	忄	扌	虫	部首
部首名	ほこづくり/るまた	きへん	つちへん	さんずい	ちから	りっしんべん	てへん	むしへん	部首名

表2

項目	陥	缶	且	轄	褐	渇	喝	括	嚇	漢字
読み	音 カン / 訓 おちい(る)・おとしい(れる)高	音 カン / 訓		音	/ 訓 か(つ)	音 カツ / 訓		音 カツ / 訓		音 カツ高 / 訓 かわ(く)	音 カツ / 訓		音 カツ / 訓		音 カク / 訓		読み
画数	10	6	5	17	13	11	11	9	17	画数
部首	阝	缶	一	車	衤	氵	口	扌	口	部首
部首名	こざとへん	ほとぎ	いち	くるまへん	ころもへん	さんずい	くちへん	てへん	くちへん	部首名

表3

項目	艦	還	憾	寛	閑	款	棺	堪	患	漢字
読み	音 カン / 訓		音 カン / 訓		音 カン / 訓		音 カン / 訓		音 カン / 訓		音 カン / 訓		音 カン / 訓		音 カン / 訓 た(える)	音 カン / 訓 わずら(う)高	読み
画数	21	16	16	13	12	12	12	12	11	画数
部首	舟	辶	忄	宀	門	欠	木	土	心	部首
部首名	ふねへん	しんにょう/しんにゅう	りっしんべん	うかんむり	もんがまえ	あくび/かける	きへん	つちへん	こころ	部首名

付録の赤シートを使って確認しましょう！

準2級 漢字表

--- 漢字表の見方 ---

- ●「漢検」準2級配当漢字を、五十音順に並べています。
- ●音読みはカタカナ、訓読みはひらがなで記載しています。
- ●高は高校で習う読み、(準2級以上で出題対象）です。
- ●画数は総画数を示しています。
- ●部首は「漢検」で採用している部首・部首名です。

漢字	読み（音／訓）	画数	部首	部首名
亜（ア）	音 ア ／ 訓 —	7	二	に
尉	音 イ ／ 訓 —	11	寸	すん
逸（イ）	音 イツ ／ 訓 —	11	辶	しんにょう／しんにゅう
姻	音 イン ／ 訓 —	9	女	おんなへん
韻	音 イン ／ 訓 —	19	音	おと
畝（ウ）	音 — ／ 訓 うね	10	田	た

漢字	読み（音／訓）	画数	部首	部首名
浦	音 — ／ 訓 うら	10	氵	さんずい
疫（エ）	音 エキ・ヤク 高 ／ 訓 —	9	疒	やまいだれ
謁	音 エツ ／ 訓 —	15	言	ごんべん
猿	音 エン ／ 訓 さる	13	犭	けものへん
凹	音 オウ ／ 訓 —	5	凵	うけばこ
翁（オ）	音 オウ ／ 訓 —	10	羽	はね

漢字	読み（音／訓）	画数	部首	部首名
虞	音 — ／ 訓 おそれ	13	虍	とらがしら／とらかんむり
渦（カ）	音 カ 高 ／ 訓 うず	12	氵	さんずい
禍	音 カ ／ 訓 —	13	礻	しめすへん
靴	音 カ 高 ／ 訓 くつ	13	革	かわへん
寡	音 カ ／ 訓 —	14	宀	うかんむり
稼	音 カ 高 ／ 訓 かせ（ぐ）	15	禾	のぎへん

●本書に関するアンケート●

今後の出版事業に役立てたいと思いますので、アンケートにご協力ください。抽選で粗品をお送りします。

下記 URL、または二次元コードから回答画面に進み、画面の指示に従ってお答えください。

https://www.kanken.or.jp/kanken/textbook/quickstudy.html

これでなっとく！
漢検　準2級　クイックスタディ

2023年12月10日　第1版第1刷　発行

編　者　公益財団法人　日本漢字能力検定協会
発行者　山崎　信夫
印刷所　三省堂印刷株式会社
製本所　株式会社渋谷文泉閣

発行所　公益財団法人　日本漢字能力検定協会
〒605-0074　京都市東山区祇園町南側551番地
☎(075)757-8600
ホームページ　https://www.kanken.or.jp/
©The Japan Kanji Aptitude Testing Foundation 2023
Printed in Japan
ISBN 978-4-89096-499-4　C0081

乱丁・落丁本はお取り替えいたします。

「漢検」、「漢検」ロゴは登録商標です。